わが子が将来
お金に困らない人になる

「お小遣い」のルール

村田幸紀
Koki Murata

フォレスト出版

はじめに

「ねえ、パパ。新しいゲームが出たから買って」

「それは毎月のお小遣いで買う約束だろ?」

「でも、友達全員持ってるんだよ……ね、お願い!」

「仕方ないなあ。いくら足りないんだ?」

「あと2000円あれば大丈夫! わーい、パパありがとう!」

「まったく子供には甘いんだから(笑)」

「たしかにママの言うとおりだなあ(笑)」

一見、微笑ましい家族の会話のように感じられますよね。

でも、私の目にはとても恐ろしい光景に映ります。

なぜなら、親が子に、

「困ったことがあったら、キャッシングやカードローンに頼りなさい」

と、堂々と教えているようなものだからです。


「たかが子供のお小遣いの話でしょ」

と思うかもしれません。

でも、お金教育という観点においては、これは見逃すわけにはいきません。

親がどんなふうにお小遣いをあげるかで、子供の将来は決定づけられます。

なぜなら、子供にとって「お小遣いをもらう期間」とは、「お金との付き合い方についてのトレーニング期間」だからです。


お金に振り回される、つらく苦しい人生を送るか？　それとも、お金をコントロールしながら、幸せで豊かな人生を送るか？

お金に執着して、人を信頼できない人生を送るか？　それとも、お金を道具と捉え、まわりの人と良い世の中をつくる人生を送るか？

人生の分岐点をどちらに進むかは、才能やセンスで決まるのではなく、**「子供の頃、お金に関してどんなトレーニングを受けたか？」**が大きく影響するのです。

プログラミングや英語教育もいいけれど、お金の教育、やってますか？

「お小遣いをあげる」ことは、子供の一生を大きく左右する、親にとって重大な教育的行為です。

ＩＴ、プログラミング、英語……など、これからの時代を生き抜くために重要なスキルについて、さまざまなジャンルのものが挙げられています。

でも、「人生を生き抜く」という観点において、

「お金とどう付き合うか？」

「お金をどう扱うか？」

は、それらと同等、いや、それ以上に重要なスキルではないでしょうか。時代に関係なく、不変的かつ重要なスキルです。

にもかかわらず、

「いつ頃からお小遣いを渡し始めるか？」

「いくらくらいが相場なのか？」

という話し合いはしても、

「そもそもなぜわが子にお小遣いを渡すのか？」

というお小遣いの本来の目的について話し合うご家庭は、残念ながらあまり多くないようです。

だからこそ、私はこの本を書きました。あなたの大切なお子様に、お小遣いを通じて「お金との付き合い方、お金の扱い方」を教えてあげてほしいからです。

金融資産2000万円以上の会員1000人から得た結論

申し遅れましたが、私は2009年に「不動産投資で経済的自由を手にする会」という組織を立ち上げ、現在、代表を務めています。会の入会基準は「今すぐ自由になる金融資産2000万円以上をお持ちの方」としています。

ここで言う「自由になる金融資産」とは、**「今すぐ現金として動かせる資産」**という意味です。不動産や車は、残念ながら「自由になる金融資産」にカウントされません。なぜなら、売却までにある程度時間がかかるからです。ですから、「5000万円で購入した持ち家があります」という方も、「1000万円の外国車を2台持っています」という方も、それだけでは入会資格を満たしません。

また、「夫婦で2000万円以上の年収がありますよ」という方も、それだけでは入会資格を満たしません。いくら2000万円を稼いでいても、生活費でほとんどを使っていたら、手元にお金が残らないからです。

「今すぐ自由になるお金」とは、まさに字のごとくです。現金や株式などで所有し、自分が「使おう」と思ったらすぐに使えるお金のこと。そして、たとえ全額使ってしまっても、日々の生活に支障をきたさないお金のことを指しています。

ある民間調査の統計によれば、金融資産2000万円をお持ちの方は、日本で約8・5％と言われています。

私の主宰する「不動産投資で経済的自由を手にする会」での運営を通して、私はこれまで1000人以上の会員にコンサルティングを行なってきました。

そのコンサルティングの中で、会員からお金に対する価値観などのお話を聞かせてもらってきました。そして、ある〝仮説〟にたどり着いたのです。

それが、

「親が子供に渡すお小遣いのルールが、子供の将来のお金との付き合い方に非常に大きな影響を与えるのではないか」

というものでした。

この仮説を検証したくなった私は、会員以外でもさまざまな人にアンケートを依頼するなどして、広く回答を集めてみました。

その結果、

「子供の頃、お小遣いをどのようにもらい、どう使っていたか？」

が、

「大人になって、お金をどのように捉え、どう使っているか？」

に、非常に影響を与えていて、1つの傾向があることがわかりました。

金融資産2000万円以上を所有している人は、子供の頃、お金に関して「良い習慣をつけたり、良い印象を持った」人。

お金で苦労している人は、子供の頃、（親が意図したかどうかは別として）お金に関して「悪い習慣をつけたり、悪い印象を受けた」人。

100％がそうとは断言しませんが、このような傾向が浮き彫りになったのです。

お小遣いのあげ方次第で、「利益の先食い」「返済不要」を当然と考える大人になってしまう!?

さて、冒頭の親子の会話シーンに戻りましょう。

お金の世界で**「利益の先食い」**という言葉をよく使います。まだ手にしていないお金、本来は自分のものではないお金を「すでにもらったもの」「実は自分のもの」と見なし、そのお金を使ってしまう行為のことを指します。

毎月のお小遣いでは足りず、目先の欲に負け翌月まで待てずに、パパから融通してもらってゲームを買う――。これでは「利益の先食い」を推奨しているようなものです。

冒頭のシーンに関して、私があえて「とても恐ろしい光景」などと恐怖を煽るような表現をしたのには、もう1つ理由があります。

それは、**「おねだりして、もらったお金は返済不要」**という点です。

大人になってキャッシングやカードローンを利用したら、「高い利子を払わなければならない」「いつまで経っても返済が終わらない」といった、それ相応の〝しっぺ返し〟を喰らいます。

ところが、子供のときにおねだりしてもらったお金の場合、貸し手は親。返済期限や利子もなければ、そもそも返済不要です。

つまり、「新しいゲームが出たから買って」と子供からねだられ、親がお金を渡す行為は、

「困ったことがあったら、キャッシングやカードローンに頼りなさい」

と教えているだけでなく、

「困ったことがあったら、キャッシングやカードローンに頼りなさい。ちなみに借りたお金の返済は考えなくていいよ」

と伝えているようなものなのです。

これは、少し極端なように聞こえるかもしれませんが、

「困ったことがあったら、親に頼ればいい。親から借りたお金の返済は考えなくていい」

と教えていると考えてみたらどうでしょう？

そう考えている20歳以上の成人がどれだけ多いかは想像に難くありません。

「子供だから」「金額が小さいから」などとお小遣いを軽んじてはいけないのは、この点も大きいのです。

お金のリテラシーを育む「お小遣いのルール」を大公開

では、いったいどうすればいいのでしょうか？

どのような目的で、どんな方法で、わが子にお小遣いをあげれば良いのでしょうか？

本書では、**「倍返し」**という方法を提案していきます（詳しくは第3章で解説します）。

これは、金融資産2000万円以上の会員から聞いた話をベースにアレンジを加え、私が独自に考え出した方法です。わが子3人に実践し、3人がお金の付き合い方、お金の扱い方を覚えてくれた方法でもあります。

本書は、「そろそろわが子にお小遣いをあげる時期だな」と考えていらっしゃる親御さん（お子さんは小学生低学年くらいでしょうか）をイメージして書いています。

お小遣いをあげ始める前に本書を読んでくださるのがベストだと思うからです。

ただし、

「子供は中学生で、今まで何年もお小遣いをあげてきた」

という親御さん、

「子供が高校に入学し、お小遣いだけでは足りないからとアルバイトを始めようとしている」

という親御さんも多数いらっしゃると思います。

そういった方たちもどうか「間に合わなかった……」と落胆しないでください。

ゼロからのスタートがベストではありますが、お金との付き合い方、お金の扱い方を学ぶのに遅すぎることはないからです。


コロナ・ショックを機に、変化の激しい時代となりました。それは、**「自分自身の人生の手綱を握りしめ、自らの手でしっかりとコントロールするスキル」**の重要性がますます高まったことを意味します。

お金に振り回されず、流されない人生。より早く、より遠く、自分の望む方向へ行くためにお金という手段を使う人生――。

本書の提唱する「お小遣いのルール」が、あなたの大切なお子さんの人生の一助になったら、著者としてこれほどうれしいことはありません。

村田幸紀

わが子が将来お金に困らない人になる「お小遣い」のルール◎目次

第1章

お金が人生に与える影響

第2章

お金の教育って何だ？

第3章

やってみよう！ わが子の「お金教育」

第4章

親として日常から心得ておきたいこと

装幀◎河南祐介(FANTAGRAPH)
本文デザイン・図版作成◎二神さやか
編集協力◎高橋淳二(ジェット)
DTP◎株式会社キャップス

わが子が将来お金に困らない人になる
「お小遣い」のルール

第1章

お金が人生に与える影響

たくさん稼いだら、人はお金持ちになるのか？

子供には「しっかり稼いでほしい」と願うけれど……

親であれば誰もが、大切なわが子に対して「将来お金に困るような大人にはなってほしくない」と願うものです。

その際、第一に考えるのは、**「しっかりと稼げるスキルを身につけてほしい」**ということではないでしょうか。

医者、弁護士などの職業は（子供の人気はともあれ）、「手に職」系の最高峰として親からの人気は高いと思います。また、野球、サッカー、バスケットボールなどのプロスポーツ選手、最近ではプロ棋士も大きな注目を浴びています。「将来、自分の子供が大谷翔平選手や藤井聡太棋士のようになってくれたらいいなあ」などと願う親御さんも多いでしょう。その気持ちはとてもよくわかりますし、お子さんに対する願いを否定するつもりはまったくありません。

ただ、本書を通じて私がどうしてもお伝えしたいのは、**お金を稼ぐことも大事だけれども、それ以上に重要なことがある**ということです。

なぜなら私は、

「驚くほどたくさん稼いでいるのに、お金を全然持っていない人」

をたくさん見てきたからです。

その一方で、私の会には、

「世の中のごく平均的な収入なのに、お金持ちになった人」

が多数在籍しています。

つまり、「たくさん稼いだら、人はお金持ちになるのか？」という質問に対しては、私ははっきりと「NO」と言えます。

では、「驚くほどたくさん稼いでいるのにお金を全然持っていない人」と、「世の中のごく平均的な収入なのに、お金持ちになった人」との決定的な違いはいったいどこにあるのでしょうか？

それは、

「お金というものの本質を理解した上で、お金をコントロール（把握→区別→管理）できたかどうか」

にあります。

詳細については本書を通じて順番に解説していきますが、**「コントロール（把握→区別→管理）」**は本書のキーワードとなりますので、ぜひ頭に入れておいてください。

INとOUTの両方をコントロールする能力

ひと口に「お金のコントロール」といっても、実はINとOUTのフレームがあります。ＩＮは「入ってくるお金」、ＯＵＴは「出ていくお金」を指します。

この両方をコントロールできて初めて、人はお金持ちになれます。

「驚くほどたくさん稼いでいるのに、お金を全然持っていない人」は、ＩＮを大きくするスキルは持っているけれど、ＯＵＴのコントロールができていない人なのです。

……と、ここまで読んでみて、

「ＩＮとＯＵＴのコントロールって……。何を今さらそんな当たり前のことを」と思う方もいらっしゃるのではないでしょうか？

まったくそのとおりです。私は、きわめて当たり前のことをお伝えしています。

けれども実際、さまざまな大人に、

◉ＩＮ

「税金や保険料など払わなければいけないお金をすべて差し引いた**『実際に自分の手元に残るお金』**がいくらなのか正確に知っているか？」【把握】
「ＩＮの内訳を**『収入』と『運用』の2つ**に分けて考えているか？」【区別】

◉OUT

「家賃や住宅ローン、携帯電話代、食費、車の維持費、子供の習い事の月謝などを合計した**『毎月の生活費』**を算出してみたことがあるか？」【把握】

「OUTの内訳を**『浪費』『消費』『投資』の3つ**に分けて考えているか？」【区別】

といった質問を投げかけてみると、「知らない」「算出したことがない」「区別して考えたことがない」という答えをもらうことが非常に多いのです。

「実は手元に残るお金がいくらになるのか知らない」という人は、「お金の管理についてはパートナーにすべて委ねている」といった回答や「共働きで夫婦別財布なので、自分のほうはだいたい把握しているが、相手のお金の使い途はまったくわからない」といった回答が多く見られます。

「実は毎月の生活費を算出したことがない」と回答した人には、「では、今月の生活費を算出してみてください」とお伝えします。すると、ほぼ全員が「毎月こんなにかかっていたんですね……。知らなかったです」と驚きます。

ＩＮとＯＵＴの把握・区別をせずに毎日を送っているわけですから、ＩＮとＯＵＴを管理することなど当然できません。

それではお金を貯めることができないのです。

年収5000万円あっても「苦しい」とつぶやいた医師

INとOUTについて、実例から学ぶ

では、INとOUTのコントロールについて、よりわかりやすくイメージしていただくため、いくつかの事例を挙げていきます。

【事例1】年収5000万円で金融資産5000万円

かつて私の知り合いに、ご自身で病院を開業されていらっしゃる方がいました。医師としての腕も確かだったのでしょう、とても繁盛していました。年収はおよそ50

00万円！　日本人の年収の上位に位置する、超高給取りの方でした。その方から「不動産投資をしたい」と言われ、少し相談に乗ったことがあったのです。

ところが、よくよく話を聞いてみると、金融資産（今すぐ自由になるお金）が500万円ほどしかないと言います。

誤解のないように申し上げておきますが、500万円がわずかなお金というつもりなど決してありません。けれども、10年以上も開業医としてバリバリ活躍してきた人です。単純計算で5億円（税金などを引かれても数億円）を稼いでいる計算です。

私は「この方ならたった1年で1000万円くらいは楽に貯められそうなものなのに……」と疑問に思いました。

そこでさらに話を聞いていくと、「やはり」と合点がいきました。

まず、ご自身は自動車が大好きで、超高級外国車を複数台所有しています。当然ながら、自宅は広いガレージのある一軒家です。

また、奥様も非常に派手好きの方。ブランド物の服やバッグを次々と購入し、高級外食などで湯水のように使っていきます。

こういった方には、「怪しげな投資話」も次々と舞い込みます。本人たちも実体のわからない、けれども一見利回りが良さそうな案件に多額の〝投資〟(実際には投機)をしているようでした。

このお医者さんの場合、バリバリ稼ぐ能力、つまり、「IN」を大きくするチカラは非常にすばらしいのですが、欲望のおもむくままに「OUT」を行なってしまっています。

たとえるならば、**「INも膨大、OUTも膨大」タイプ**です。だから、金融資産(今すぐ自由になるお金)がわずか500万円しかなかったのです。

銀行ウケの良さが仇となる!?

お医者さんの〝悲劇〟は、銀行の評価が高いことです。たとえ金融資産が少なくても「バリバリ稼げる人だから」ということで、「お金を借りたい」とお願いすれば銀行は「喜んで!」と貸してくれます。

いざというときでも急場をしのげるので、問題を先送りできてしまうのです。

私のところへ相談に来たとき、その方が、

「頑張ってたくさん稼いでいるのに、全然満たされた気持ちになれないんです。『何かがおかしい』って感じています。心も身体もすり減ってしまって、苦しくて……。『こんなのはずっと続けられないぞ』って思っていますね」

と、声を絞り出すようにおっしゃっていたのが印象的でした。

「年収2000万円、貯金ゼロ」VS「年収500万円、貯金2000万円」

お金のリテラシーが高いのはどっち?

さらに、INとOUTについて、事例を元に学んでいきましょう。

「年収2000万円、貯金ゼロ」と「年収500万円、貯金2000万円」、よりお金をコントロール下に置き、お金のリテラシーが高いのはどっち? がテーマです。

【事例2】年収2000万円、貯金ゼロ

1人で年収2000万円を稼ぐのはかなりハイレベルだと思いますが、「夫婦とも

に外資系企業など給料の高い職場で働いています」といった感じで、世帯年収2000万円を超えているご家庭は少なからず存在しています。世間で高額所得者に属する人たちです。

私は仕事柄、このような人たちからも話を聞く機会が多いのですが、驚くのは「金融資産（今すぐ自由になるお金）はゼロなんです」という言葉を、彼らから非常によく聞くことです。

そこで、彼らにお金の使い途などを聞かせてもらうと、「やはり」という結論に至ります。

典型的な使い途の1つは、家賃（あるいは住宅ローン）です。

例えば、月々何十万円もの家賃（あるいは月々のローン）のタワーマンションに住んでいれば、それだけで年間何百万円も出ていきます。また、高い家賃（または分譲価格）の住居に住むと、お隣・近所の方々も、基本的に高所得者です。

さらに、このような「夫婦ともに高収入」のご夫婦の場合、夫婦ともに高学歴のケースがほとんどです。どちらの学生時代の友人も高所得者ばかりになります。

そのような環境で暮らしていると、どうなるか？

「最低でもこれくらいのものは……」という感覚が、何においても生じてしまうのです。

「さすがに国産車には乗れないよね」とか、「時計もスーツも安物は身につけられないよね」とか、「子供を公立には通わせられないよね」といった感覚です。わかりやすい言葉で表現するならば、見栄の張り合いのような状態になってしまいます。

そんなふうに、住居費、食費、車両費、衣服費、遊興費、子供の教育費……などの出費を積み重ねていったら、世帯年収2000万円なのに月々の収支はゼロ、金融資産（今すぐ自由になるお金）もゼロになってしまうご家庭は多いのです。

このような共稼ぎのご家庭の場合、「財布は別」というケースも多く、「『相手がいくら稼いでいるのか？』『それぞれが何にいくら使っているのか？』は知らないし、干渉もしない」というご家庭も多いのです。

けれども、自分も相手も稼ぐチカラはあると自負しているし、自分たちの収入は今後も上がっていくだろうと信じているので、ゼロであってもあまり気にしません。

たとえるならば、**「ダブルーN、全額OUT」タイプ**です。

良い家に住み、良い車に乗り、良い服を着ているので、まわりの人からは「あのご夫婦は絶対にお金持ちだよね」と羨ましがられるのですが、私の目から見れば、残念ながらお金持ちとは対極の世界にいる人です。

収入の金額こそ違いますが、「ＩＮをすべてＯＵＴに回している」という状況においては、「収入がとても少なく、食費を切り詰めたりして、なんとか毎月やりくりしています」という生活苦の状態とまったく変わりません。

現在の状況が何か１つでも変わったら（ご夫婦のうちの１人が仕事を辞めなくてはならなくなった、あるいは、かなり年収の下がる職場に移ることになった　など）、収支は完全にマイナスになってしまうでしょう。

仮にマイナスに気づいたとしても、一度上げてしまった生活レベルを下げることは、かなりストレスが大きいため、できないことが多いでしょう。まさに綱渡り状態の毎日なのです。

【事例3】年収500万円、貯金2000万円

事例1、事例2は、お金が貯まらない人の例でしたが、この事例3はお金を貯められた人です。「金融資産2000万円を貯めるぞ」と決意し、日々の生活の中でさまざまな工夫をしてきた結果、お金を貯めることに成功しています。

そのような方には、ある特徴があります。

それは、**「お金の使い方に対して明確なビジョンを持っている」**ことです。

私の会の会員の1人から聞いて、「なるほど」と思ったのは、iPhoneの買い替えに関する話です。

その方は、iPhone12が発売されたときに、一瞬「機種変更をしようかな」と思ったそうです。自分の持っているiPhoneは8。iPhone12は5G対応だし、写真や動画もきれいに撮れるらしいぞ、と。

そこで「自分が手に入れたいタイプに変更するといくらくらいかかるのか?」を調べたところ、15万円ほどの出費、割引などを含めても10万円ほどかかることがわかり

ました。

その結果、彼は機種変更をやめたのです。

なぜなら、「10万円を使ってiPhone8から12にアップグレードしたときに得られる満足感」と、「使うつもりだった10万円を使わず、手元に残したときに得られる満足感」を天秤にかけ、後者のほうが、満足度が高いと考えたからです。

彼は、この一連の行為を**「買ったことにした貯金」**と呼んでいました。

コントロールに使った「ものさし」

私が「なるほど」と思ったのは、単に10万円を節約したのではないという点です。「欲しいけれど、買わずに我慢する」という気持ちで節約に励むと、ストレスがたまり、なかなか続けられません。

彼はそうではなく、「どちらが自分にとって満足度が高いか？」を比較し、自分の心が喜ぶ方を選んだのです。

さらにおもしろいと感じたのは、彼が、

「手元に残ったiPhone8に対して、以前よりも愛着が湧いたとでもいうのでしょうか。iPhone8は今日も問題なく動いている。なのに、自分の手元には自由になる10万円がある……。心の底から『得したなあ』と思えるんです」

と話していたことでした。

iPhoneの買い替えはあくまでも一例ですが、金融資産（今すぐ自由になるお金）を2000万円以上所有している人は、こんなふうにお金との付き合い方を上手にコントロールしながら目標を達成している人が多いのです。

このような人は、たとえるならば、**「平均IN、少なめOUT」**タイプです。当たり前のことですが、**「IN ＞ OUT」の生活を続けるからこそ、お金持ちになれる**のです。

「平均IN、少なめOUT」タイプの弱点

ただし、うまくお金を扱えているこのタイプにも、1つだけ弱点と言える傾向があ

ります。それは、「OUT下手」という点です。

詳しくは後述（59ページ参照）しますが、OUTの内訳には「浪費」「消費」「投資」（自己投資を含む）の3つがあります。同じOUTであっても、極力抑えるべき浪費や消費と異なり、投資（自己投資）はしかるべきタイミングで行なうべきです。

投資をして「お金に働いてもらう」ようにしなければ、お金をさらに増やすことはできませんし、自己投資をしなければ、自分自身を成長させることができないからです。

つまり、「貯める」ばかりで「使う」ことをしないと、次のステージには行けないのです。

その貯めるだけの状態では、今は「小金持ち」とは言えますが、経済的自由を手にすることは難しいですし、将来もお金持ちでいられるかどうかはわかりませんよ……。

OUT下手の方に、私はそんなふうにお話をすることもあります。

泥沼にハマる典型的なダメダメパターンとは？

「借りる」場合のダメパターン

お金で泥沼にハマる原因となるのが、**「手軽な前借り」**と**「リボ払い」**です。それぞれの怖さについて、あらためて確認しておきましょう。

まずは、**「手軽な前借り」**です。これには主に2つの方法があります。

1つめは、クレジットカードの「キャッシング利用枠」を使って、ATMから現金を借りる方法。2つめは、カードローンを提供する会社と契約して、ATMから現金を借りたり、指定の銀行口座に指定額を振り込んでもらう方法です。

これらの特徴は、**「とても簡単に借りられるけれど、非常に高い利息を払わなければならない」**ことです。

クレジットのカードのキャッシングの金利は、高いものでは18・0％にもなります。つまり、10万円借りたら、1年後に11万8000円返さなければなりません。また、カードローンのほうは、利息制限法という法律によって「100万円以上は年15％、10～100万円は年18％、10万円以下は年20・0％」という上限金利が定められていますが、非常に高い利息を払う必要があることがわかりますよね。

高い利息のキャッシングやカードローンを無計画に利用しても、1年後に「借りた金額の1・2倍にして返す」ことは非常に難しいでしょう。

けれども、キャッシングやカードローンには、さまざまな誘惑があります。

例えば「1週間は金利0円」、つまり「1週間以内に返せば利息は1円もかかりませんよ」という誘い文句です。

なぜ、これがビジネスとして成立するのか？

それは、1週間以内に返せない人がほとんどだからです。

そもそも「前借りをしよう」と思い立つときは、お金がないときです。1万円に困って1万円を借りた人が、1週間後に1万円の返済資金を用意できている可能性は極めて低く、別のどこかから借りて急場をしのぐ……という負のループ（多重債務）に陥ってしまうのです。そうしてあっという間に借入額は100万円を超え返済不能となり、自己破産まっしぐらです。

手軽な前借りは、利益の先食いです。

自分の大切な子供には「キャッシングやカードローンに頼らない生活」を送れるようにしっかり教育する必要があります。

「返す」場合のダメパターン

ダメパターンのもう1つは、**「リボ払い」**です。

クレジットカードの支払方法には、1回払い、分割払い、リボ払いなど、いくつかの種類があります。クレジットカードで買い物をした際、支払方法を選ぶので、聞いたことがある人も多いでしょう。

リボ払いは、正式には「リボルビング払い」と言います。毎月の支払額を一定の金額に固定して返済していく方法です。リボ払いを利用すれば、例えば何十万円もする高額商品を、月々1万円などの少額返済で買えてしまうわけです。まるで夢のような支払方法に見えるのですが、実際には〝地獄〟の入り口です。

リボ払いも利息制限法で、「100万円以上は年15%、10~100万円は年18%、10万円以下は年20%」という上限金利が定められていますが、例えば50万円の商品を月々1万円の返済で買ってしまったら、仮に利息なしだったとしても完済までに4年以上かかってしまいます。そこに利息が乗っかりますから、払っても、払っても、返済残額が減っていきません。

楽しい買い物だと感じるのは、買った瞬間だけ。**返済を先送りにすると、その後の苦しみは雪だるま式に膨れ上がっていきます。**そのような苦しみを味わうことがないよう、わが子には、絶対にリボ払いを避けさせなければなりません。

ダメパターンで借りて、ダメパターンで返す、破滅型

さらに恐ろしいことに、クレジットカードでは「キャッシングのリボ払い」まで手軽にできてしまいますよね。

クレジットカード会社から簡単にまとまったお金を借りられるのに、月々の返済額は少なくて済む……。

まるで錬金術のように聞こえます。そんなうまい話はあるわけがないのですが、目先の欲得に目がくらみ、「これは便利だ」と飛びついてしまう人もいます。中には、借りたお金を自分のお金のように勘違いして使っている人までいます。

これを読んでいる皆さんは「そんな生活はダメでしょ」と思ったのではないでしょうか。

けれども、お小遣いをもらう時期にきちんとお金の教育を受けていないと、こんな借り方・返し方もＯＫという錯覚を抱いたまま大人になってしまう可能性があります。

多くの人が何気なくやっている隠れたダメパターンとは？

サラリーマンが陥りがちなダメパターン

手軽な前借りやリボ払いが良くないことは、たいていの人がなんとなく認識しているでしょう。

けれども、それら以外にも、多くの人が何気なくやってしまっている、隠れたダメパターンが存在しています。

それは、**「ボーナス払い」**です。

家電や家具などを購入する際、「今はまとまったお金がないけれど、今度のボーナスを購入資金に充てればいいや」といった感じで、ボーナス一括払いを選ぶ人は多いのではないでしょうか。

最近では、洋服のオンラインストアなどでもボーナス払いのシステムが採用され、「ボーナス支給時期より前に、いち早く冬物が買えます！」などとうたっているのを目にします。

家電や服だけではありません。自宅やマイカーのローン返済でも、ボーナス時は多めに返済している人もいます。企業にお勤めのサラリーマンの場合、ボーナス払いを選ぶ人は多いようです。

しかし、これも**利益の先食い**であることにまったく変わりありません。「入るはず」のお金ではありますが、「確実に入った」お金ではないからです。

さらに良くないのは、「月々の収支はマイナスだけど、ボーナスで帳尻を合わせている」という生活を送ることです。

例えば、「手取り30万円だけれど、毎月の生活費が35万円かかっている。月々のマイナス5万円は、夏冬のボーナスで埋め合わせていく」というケースです。もしもボーナスが想定よりも下がってしまったり、支給されなかったりしたら、その瞬間に

〝債務超過〟となってしまいます。とても危険な生活の仕方です。

「親の背を見て子は育つ」と言いますが、親が当たり前のように利益の先食いをして生活していれば、子供も将来、利益の先食いをするようになる可能性が高いでしょう。子供はどのように買ったか知らないから大丈夫と思っているご家庭ほど、その可能性が高まるのが怖いところです。

クリスマスプレゼントの先渡しはOK？

最悪なのは、この**「ボーナス払い」の方式を家庭に取り入れてしまう**ことです。

「クリスマスプレゼントで買おうね」と約束していたオモチャ。でも、子供が「今すぐ欲しい」と言って聞かない。親のほうが根負けし、10月のうちに買って先渡しすることにした——。これなどは、典型的な例です。まさに「ボーナス払い」と一緒です。

一度でもこれを許してしまえば、**子供は利益の先食いに味をしめます**。今後も何度となくリクエストしてきますし、大人になってからも利益の先食いをするようになります。

「我慢できない大人、コントロールできない大人になりなさい」と、親がわざわざ教えているようなものです。

ですから親は、どんなに子供に泣きつかれても、根負けして「いいよ」と絶対に言ってはいけません。

すべては、大切な子供の将来のためです。お金に困らない大人になってもらうための愛の1つです。

お金持ちの人と、そうでない人、両者の決定的な違いとは？

あなたのお金に対する意識がわかる！「セルフチェック」テスト

あるとき、私は、金融資産（今すぐ自由になるお金）を2000万円以上持っているグループと、金融資産をあまり持っていないグループに対して、「お金というものをあなたはどう捉えているか？」という調査をしたことがあります。

その結果、両者のある違いが浮き彫りになりました。

お金持ちになれるかどうかの決定的な違いは、ほぼ唯一、この違いにあるのではないかとも思えたほどです。

詳しい解説に入る前に、あなたにやっていただきたい診断があります。次ページの5項目に対して、あまり深く考えず、直感で回答してみてください。

お金に対するブレーキ「セルフチェック」診断の使い方

次ページの診断表は、チェックした数が少ないほど良い、という単純なものではありません。目的は、**深層意識レベルでの、自分の現在位置を正しく認識する**ことです。

子どもには、表層の考えではなく、深層意識レベルの本音が遺伝します。なぜなら、お金に対する意識は、ふとした仕草や反応に直結するからです。

例えば、子どもと一緒にいるときに、ふいに

「知人が事業で成功して、大幅に収入が上がった」

と聞いたとしましょう。そのとき、

A「え？　あの冴えない奴が成功？　どうせズルいことでもしたんじゃない⁉」

あなたのお金に対する
意識が丸見え!?

お金に対するブレーキ「セルフチェック」診断

各質問の選択肢の中から、●●に入る（共感する）ものすべてにチェックしてください。

あまり深く考えず、直感で回答してください。

1 お金は欲しいけど、●●（し）たくない。

……合計　　個

- □「働き」
- □「今の楽しみをあきらめ」
- □「失敗」
- □「目立ち」
- □「時間を使い」
- □「めんどくさいことを」
- □「頭を使い」
- □「ガマン」
- □「努力」
- □「やりたくないことを」

2 お金を稼ぐには、●●（し）ないといけない。

……合計　　個

- □「他人に頭をペコペコ」
- □「人を蹴落とさ」
- □「人から搾取」
- □「好きじゃない人と一緒に」
- □「魂を売ることを」
- □「人の指示に従わ」
- □「嫌われ」
- □「悪いことを」
- □「人をダマ」
- □「裏切り」

3 お金持ちは、結局●●（だ）から嫌なんだよね〜。

……合計　　個

- □「ケチ」
- □「人情味がない」
- □「悪いことをしている」
- □「搾取している」
- □「他人を都合よく利用している」
- □「ただ運が良かっただけ」
- □「人を見下している」
- □「お金のことしか考えていない」
- □「自己中」
- □「ズルをしている」

4 お金なんて、必要以上にあったってどうせ●●さ。

……合計　　個

- □「ケンカになるだけ」
- □「死んだら誰かに渡るだけ」
- □「悪い人が寄ってくるだけ」
- □「人生が狂うだけ」
- □「無駄になるだけ」
- □「余計な苦労をするだけ」
- □「人が変わってしまう」
- □「無駄使いするだけ」
- □「贅沢になって感謝がなくなってしまう」
- □「もっと強欲になるだけ」

5 お金を得るのは大変だ。なぜなら、自分には●●がないから。

……合計　　個

- □「学歴」
- □「知識」
- □「経験」
- □「人脈」
- □「才能」
- □「自信」
- □「運」
- □「実力」
- □「カリスマ性」
- □「魅力」

《判定基準》（50点満点中）

31以上	このままでは一生お金に振り回されっぱなしです。
21〜30	かなりお金に対し負の感情をお持ちのようです。
11〜20	ごく一般的な考えの持ち主です。
6〜20	ほぼ余計な考えはなさそうです。
5以下	あなたはすでに成功しています。

と、思わずひがんでしまう。

B「へ～、すばらしいね。ちゃんと努力してたもんね」

と、率直に称える。

どちらが、子どもに良い影響を与えるでしょう?

言うまでもなく、Bパターンです。

このように、子どもに与える影響は、表層の意識ではなく、深いところで本当に思っていること（深層意識）が大きくなります。

なので、この「セルフチェック」診断をやるとき、「こうあるべき」「これが正解」など、表層的に考えてしまうと、あまり意味がありません。フィーリングを重視して、「なんとなくそんな感じがする」という、「感じ」「直感」に従って、チェックしてみてください。

誰かに見せるためのものではありません。良いかっこをする必要はないので、ぜひ正直になってやってみてください。そうすれば、自分の深層意識にあるブレーキとなる考えを見つけるヒントになります。

お金持ちの人と、そうでない人、いったい何が違う？

では、お金持ちの人と、そうでない人の決定的な違いについてお話しします。

それは、

「お金持ちでない人は、お金を感情的に見ている」

「お金持ちの人は、お金を道具として見ている」

ということです。

まず、お金持ちでない人は、お金に対して考えるとき、話すときに、何らかの感情を抱いています。

わかりやすいのは、「あんなにお金持っているなんて、絶対に何か悪いことしているよね」とか「大金を持っていても揉《も》め事が増えてロクなことがない」といった、**お金に対してマイナス感情を抱いているタイプ**です。「やりたくもないことを我慢してやるから給料がもらえるんだ」なども、この部類です。お金を稼ぐことを忌避しているので、なかなかお金持ちにはなれません。

一方で、「お金は大好きです！　お金に対してマイナスイメージはありません」という人もいます。「お金を見るとワクワクする」とか「お金持ちを見ると、憧れる。私もあんなふうになりたい」といった、**お金に対してプラス感情を抱いているタイプ**もいます。お金持ちは、このタイプなのではないかと思いませんか？

ところが、違ったのです。私の調査では、このようなタイプの人もお金持ちではないグループに属していました。私の推察では、このタイプの人は、お金に対する執着が強すぎることで、まわりの人が信じられなかったりして、周囲とうまく付き合えないようです。

つまり、お金持ちでない人は、マイナス感情、プラス感情、どちらであっても、お金を「色メガネ」で見ているわけです。

それに対して、お金持ちの人は、お金を道具と捉えていました。

「お金自体は良いものでも悪いものでもない。うまく使えば便利だけれど、間違った使い方をすれば危ない」といった感覚です。

手持ちの資産が増えても減っても、そこで一喜一憂するのではなく、ロールプレイングゲームのアイテムが増えたり減ったりする感覚に近いものがありました。お金との距離感が近すぎず遠すぎず、客観的だったのです。

そもそもお金とは何か？

なぜ、このような感覚でお金と付き合うとお金持ちになれるのか？

それは、**彼らがお金の本質を理解している**からです。

元々は物々交換をしてきた人類でしたが、「自分の持っているもの」と「相手の欲しいもの」が合致しないと交換できない不便さに気づきます。そこで、比較的価値の下がりにくいもの（布、塩、貝など）を介在させるようになったと言われています。

その後、貧富の差が生まれ、お金で笑う人、お金で泣く人が出てきました。

そのため、お金に何らかの感情を持つ人が増えています。

けれども本来、お金は便利な道具であり、それ自体は良いものでも悪いものでもないのです。

お金持ちは、お金の本質をわかっている——。だからこそ、お金持ちになれるのです。

お金のＩＮとＯＵＴをコントロールできる大人を目指す

自分自身でお金の把握や管理する習慣を身につける

お小遣いを通して、あなたの大切なお子さんを、**「お金というものの本質を理解した上で、お金のＩＮとＯＵＴをコントロールできる人」**に育ててもらいたいと私は思っています。

子供にとって「お小遣いをもらう期間」とは**「お金の付き合い方についてのトレーニング期間」**なのです。

ここであらためて、お金のＩＮとＯＵＴのコントロールについて解説しておきます。

コントロールとは、**「把握→区別→管理」**の一連のプロセスを指しています。

ＩＮであれば、「毎月いくら入ってくるか？」を正確に把握しておくことは大前提です。また、内訳を「収入」と「運用」の２つに分けて考える必要があります。

収入は、お給料などの稼ぎのこと。

運用は、稼いだお金を投資によって増やすことです。

ＯＵＴであれば、「毎月いくら出ていくか？」を正確に把握しておくこと。また、内訳を「浪費」「消費」「投資」（自己投資を含む）の３つに分けて考える必要があります。

浪費は、生活する上で特に必要ではないもの（趣味嗜好）にお金を使うこと。

消費は、生活するのに必要なもの（家賃、食費、税金など）にお金を使うこと。

投資は、将来的に増える可能性が高いと判断したもの（株、投資信託、不動産など）にお金を使うこと。ちなみに投資の１つに含まれる自己投資は、自分の成長（読書、勉強会、資格取得など）にお金を使うことです。

本書の第3章で私が提案するお小遣いのルールは、自分自身でお金の把握や管理する習慣を身につけつつ、稼ぐことの楽しさ、運用する楽しさなども味わえる手法となっています。

親の担当分野は、この2つ

ただし、大人のＩＮ／ＯＵＴと子供のＩＮ／ＯＵＴは、少し分けて考える必要があります。

例えば、「消費」「投資」は、お小遣いの中で子供にやりくりさせるのではなく、親が担当したほうが良いでしょう。

子供に関連するもので「消費」に該当するのは、学校生活に必要な文房具や服、靴などの購入費です。これらは必要なものなので、「お小遣いの中でうまく買いなさい」というのではなく、必要十分なものを適宜買ってあげれば良いと思います。

また、子供に関連するもので「投資（自己投資）」に該当するのは、塾の月謝、スポーツなどの習い事の月謝、本などの購入費でしょうか。

これもお小遣いとは切り離し、親が担当したほうが良いでしょう。

自分で自分に投資するから「自己投資」と言うわけですが、子供の頃は**「親が子に投資」**をおすすめします。

「子供の成長につながるものは、絶対に惜しまないほうが良い」ということは、子供たちを育ててきた1人の親として、ぜひ皆さんにお伝えしておきたい点です。

「成長するためにお金をかけると、ちゃんと成長できるんだ」という成功体験を子供の頃に持っていると、その子は大人になってからも自己投資を怠らず、自律的に成長していくからです。

なお、「親が子に投資」をする際、

「君がもっとうまくなりたい、成長したいと本気で思っているのなら、パパもママもそのためのお金は惜しまないよ。応援しているから頑張ってね」

といった内容で、お金を出す目的について伝えるのもアリだと思います。

お金教育は、わが子の人生の土台づくり

子供は、親がいなくなった後の世界を生きていくことになります。

ですから、「どんな時代にあっても生き抜いていける力を与えること」が、親が子にできる最高の教育だと私は思います。

お金との付き合い方、扱い方を身につけることは、人生の「土台」を固めるようなもの――。私はそんなふうに考えています。

これからの時代、変化のスピードがますます加速し、新しい知識や技術を絶えず身につけなければ生きていけなくなるでしょう。もちろん、その変化についていくことも重要ですが、土台がしっかりしていなければ、その変化に翻弄《ほんろう》されてしまいます。

逆に土台さえしっかりしていれば、少しの風では倒れたりしませんし、たとえ上物が吹き飛ばされたとしてもすぐに建て直すことができます。

世界的ベストセラー『習慣の力』(チャールズ・デュヒッグ著)によれば、1つの習慣を変えることに成功することで、人生全体を劇的に変えることが可能になることがあるそうです。

そのカギを握る習慣は「キーストーン・ハビット」と呼ばれています。

お金の良い習慣を身につけると、人生全体が良いものになる――。これは私自身の長年の経験からも確実に言えることです。

だからこそ、わが子に、楽しく、実践的な、最高のお金教育をしてあげてほしいのです。

第2章

お金の教育って何だ？

「お金の教育」とは、何を教えることなのか？

お金の対価って何だ？

この章では、まず始めに「お金の教育」とはいったい何か、親が子供にどんなことを教えることが重要なのかを解説していきます。なぜなら、学校でも、家庭でも、これまで体系立てて教えてこなかった分野だからです。

「お金の教育」について私なりに定義すると、次のとおりです。

①「お金とはそもそも何か？　どのような行動をすると正しく得られるものなのか？」

を教え、体験させ、一生の習慣として身につけさせる。

②お金のコントロール（把握→区別→管理）を教え、体験させ、一生の習慣として身につけさせる。

「お小遣いのルールを通してお金教育をする」ことは、①と②を教えるという意味なのです。１つずつ具体的に解説します。

①お金とはそもそも何か？　どのような行動をすると正しく得られるものなのか？

第１章で私は「お金は便利な道具であり、それ自体は良いものでも悪いものでもない」という話をしました（55ページ参照）が、こういったお金の本質については、必ずお子さんに伝えてあげてほしいと思っています（伝えるタイミングなどについては第３章で解説します）。

また、大事なのは、「どのような行動をすると正しく得られるものなのか？」を教えることです。単にお金を得るだけでいいのであれば、極論すれば強盗も詐欺もＯＫとなってしまいますよね。

重要なのは、お金とは、**誰かからの「ありがとう」の対価である**という考えです。その「ありがとう」の質量が大きければ大きいほど、多くのお金を手にすることができる――。

これをしっかりと説明しないと、「やりたくもないことを長時間やるから給料がもらえるんだ」「何か悪いことでもしない限り、大金を稼げるはずがない」といった、お金に対する誤解が生まれてしまいます。

②お金のコントロール（把握→区別→管理）

ひと口にお金と言っても「IN」（入ってくるお金）と「OUT」（出て行くお金）の2つのフレームがあり、「IN＞OUT」の生活を続けるからこそ、お金が貯まっていくことを学ばせます。

また、INの内訳には「収入」（稼ぐ）と「運用」（増やす）の2つ、OUTの内訳には「浪費」「消費」「投資」（「自己投資」も含む）の3つがあることも教えていきます。

無意識にできるレベルまで身につかないと意味がない

「お金教育」の目的は、あなたの大切なお子さんに**「一生の習慣」**を身につけさせることです。

「技術習得の4段階」という考え方をご存じでしょうか？

- **第1段階は、「知らない」**
- **第2段階は、「知っているができない」**
- **第3段階は、「意識すればできる」**
- **第4段階は、「意識しなくてもできる」**

に分かれます。

自転車にたとえると、

・第1段階は、「自転車って何？」という状態
・第2段階は、自転車の運転原理はわかるが、乗ることはできない状態
・第3段階は、なんとか乗れるが、ヨロヨロして危なっかしい状態
・第4段階は、スイスイと自転車に乗れる状態

です。

第4段階に至って初めて「私は自転車に乗れます」と言えます。

お金に関しても、まったく同じです。

「お金のコントロールが大事なんですよね。頭ではわかっていますよ、今はちょっと忙しくてできていませんが……」（知っているができない）

「『IN ＞ OUT』の生活ですか？　本気でやろうと思った月は、ちゃんとできていますよ」（意識すればできる）

というレベルでは意味がありませんよね。

スイスイと自転車に乗れるように、特に何も意識しなくてもお金のＩＮとＯＵＴをコントロールできる状態になる――。

これが「お金教育」で目指すべきレベルです。

そんな一生ものの習慣を、あなたの大切なお子さんに授けてほしいのです。

小学生までで、人生の初期設定が決まる

心がまっさらな状態で吸収させる

子供に何かを教えたいなら、小学生のうちに基礎的なことを教えたほうが良い――。

教育学や心理学などのさまざまな専門家に聞いたところ、このようなアドバイスをいただきます。運動であれば「身体の基本的な動かし方」、勉強であれば「学ぶことの楽しさや醍醐味」が、基礎的なものに該当します。

実際に子育てをした体験と照らし合わせても、この意見には納得します。

「お金教育」も、勉強やスポーツと同じです。

小学生のうちにスタートすることを強くおすすめします。

では、なぜ小学生のうちに教育すると良いのでしょうか？

それは、**「まっさらな心の状態で、親のアドバイスを聞いてくれる時期だから」**です。

初めてのことなので、習慣や自分なりの考えはほとんどありません。乾いたスポンジがよく水を吸ってくれるように、アドバイスを素直に吸収してくれますし、習慣化も簡単なのです。

中学生になると、例えば友達の言動、先生の教え、マンガやネットなどで得た知識など、親以外の影響をすでに受けていますし、習慣もできています。中には、親とのコミュニケーションをとることに少し恥じらいが出てきたり、理屈をこねるテクニックも覚えてきて、親のアドバイスをそのまま受け入れず、曲解して受け止めるからです。

何についても言えることですが、半端な知識や変なクセがついた状態で何かを学んでも、上達は難しいものです。運動でも、勉強でも、小学生のうちに正しい基礎を身につけておけば、その後の成長速度・成長角度は大きく変わってきます。

お小遣いは、いつから渡し始めるのがいい？

お金に対する知識や認識、お金との関係性を考えてみても、お小遣いを通してお金の教育をスタートするのは**小学生時代が最適**です。

まず、幼稚園や保育園に通う「就学前」は、お金をリアルなものとして捉えるのはなかなか難しい時期ですよね。お買い物ごっこでオモチャのお金を触ったり、スーパーやコンビニで親が買い物しているようすを目にしたりはしていますが、「自分の欲しいものを自分で買う」という感覚にはまだ至っていません。

中学に入ると、自我が芽生えてきて親の言うことを素直に聞かなくなります。また、前述したとおり、周囲の影響を受けやすくなっていますし、すでにお金とはこういうものと、ある程度考えが確立されています。

この時期になると、特にお金のことは、親しい友達の（家庭がその子に与えた）価値観に影響されることが多くなります。「○○くんは、毎月××円もらっているよ」「××ちゃんも、△△ちゃんも、みんな持っているよ」といった感じで、「世の中の価値基準＝親友の価値基準」になってしまい、お金の教育がしづらくなってしまいます。
高校以降になると、アルバイトができるようになります。自分で働いて得られるお金が加わってくるので、親が決めたルールの中でお金のコントロール（把握↓区別↓管理）のトレーニングを行なうのは、かなり難しくなってきます。もう価値観ができ上がっています。

そういった意味で、お小遣いを通してお金の教育をスタートするなら、

・小学生時代
・友達と遊ぶ中で自分の欲しいもの（マンガやお菓子など）が出てきた頃（だいたい低学年くらいでしょうか）
・新学年になった4月、夏休みに入る7月、お年玉をもらった1月……などの節目

が良いでしょう（お小遣いの具体的なあげ方については第3章で解説します）。

「心がまっさらな時期」ならではのリスク

――家庭内の言動にご用心！

……と、ここまでは「心がまっさらな小学生の時期に、正しいお金教育を始めるべき」という話をしてきたわけですが、これは裏を返せば、**「心がまっさらな小学生の時期は、誤ったお金の知識や価値観にも染まりやすい」**とも言えます。

親がワイドショーを見ながら「大金を持っていてもロクなことはない」とつぶやいたり、お金の使い方をめぐって夫婦げんかが絶えなかったりすれば、子供はお金に対してマイナスの感情を抱くでしょう。

親が宝くじを買って当たり外れに一喜一憂すれば、子供は「大金を稼いだらうれしいし、お金を失えば悲しいのだ」と感じると同時に「大金を稼ぐのは運の良い人だけで、普通の人は難しいことなのだ」と思うようになるでしょう。

親の羽振りが良いときだけ大盤振る舞いで大金を渡すようなお小遣いのあげ方をしていると、子供もお金に対してルーズな感覚を身につけるでしょう。

わかりやすく言えば、**親のお金との付き合い方、親のお金の扱い方が、心がまっさらな小学生の頃に、そっくりそのまま子供に〝遺伝〟してしまう**のです。

ですから、「家庭内におけるお金に絡む言動」に注意し、「お小遣いをあげる」という行為を軽々しく考えてはいけません。

お小遣いのあげ方は、4パターン

大人になってからの職業やお金の使い方に与える影響

さて、お小遣いのあげ方ですが、「不動産投資で経済的自由を手にする会」の会員にアンケートをしたり、それ以外にもさまざまな人たちにヒアリングしてみたところ、大きく4つのパターンがありました。

そして、お小遣いのあげ方（子供にとっては「お小遣いのもらい方」）は、その子が大人になってからの職業やお金の使い方にとても大きな影響を与えていることがわかったのです。

まず、お小遣いのあげ方（子供にとっては「お小遣いのもらい方」）は、大きく次の4つのパターンに分かれます。

①定額制……毎日、毎週、毎月など、決まったときに同じ額のお金をあげる。
②報酬制……買い物、食器洗いなど、親の手伝いに対する対価としてお金を渡す。
③都度払い……「無制限」とも呼ばれ、子供のリクエストに応じて渡す。
④なし……お小遣いをあげない。

それぞれのパターンについて、大人になってからの職業やお金の使い方にどのような傾向があるかを解説していきます。

「①定額制」の傾向

定額制は、毎日、毎週、毎月などに同じ金額をあげるパターンです。

「小さい頃は毎日・毎週など短い期間で、少し大きくなると期間が延びて毎月になる」という人も多かったのではないでしょうか。

4つのパターンのうち、最もスタンダードで、多くの割合を占めるのが定額制です。この「毎月1回定額の〝収入〟がある」という仕組みから何を想像しますか？

そうです、会社にお勤めのサラリーマンと同じです。

定額制でお小遣いをもらう子供は、他のパターン（報酬制など）を知らないこともあり、とても素直に「お小遣い（将来のお給料）は決まった時期に同じ金額をもらうものなんだな」と認識します。また、「同じ額しかもらえないから、何でも買うことはできない。何を買うか考えなければいけないな」と当然思いますよね。

ですから、将来自分で職業選択をする際、「決まった時期に同じ金額をもらえる働き方」に安心感を抱きやすい傾向があります。その結果、サラリーマンの道を選んでいる人が多いことがわかりました。

また、「収入には上限がある」ことを体感しているため、そのやりくりは上手で、大人になってからのお金の使い方でも、「IN ＞ OUT」の大原則を守れている人が多くいます。

ただ、その一方で、自分の夢や自分の欲しいものをダウンサイジングして考える傾向があるようです。「今月いくら、1年間でいくら」という収入の見当がついてしまっているため、その範囲内で考えるクセがついています。

これは将来、新しいビジネスを生み出したり、大きなイノベーションを起こしたりする際に、悪く言えば足枷《あしかせ》になってしまう可能性もあるでしょう。

「②報酬制」の傾向

報酬制は、親の手伝いなどに対する対価としてお金を渡すパターンです。

買い物、食後の後片付けや食器洗い、洗濯物を畳む、お風呂掃除、ご近所へのお届け物……など、「子供たちに手伝ってもらえたらうれしいな」という場面はたくさんありますよね。私もよく子供たちに「パパの車の洗車をお願いできないかな」と相談し、手伝ってくれたら「ありがとう、すごく助かったよ」と言ってお金を渡していました（わが家のお小遣い制度については第3章で詳しく解説します）。

報酬制でお小遣いをもらう子供たちもまた、他のパターン（定額制など）を知らないこともあり、とても素直に「お小遣い（将来の稼ぎ）は何か役に立つことをすればもらえるものなんだな」と認識します。

そのような働き方に近いのは、自営業や職人さん、サラリーマンでも完全歩合給の人（保険の営業職など）です。

お小遣いを報酬制でもらってきた子供は、将来自分で職業選択をする際、「頑張れば頑張るほど見返りがある働き方」にやりがいを抱きやすい傾向があります。

その結果、自分で会社をつくったり、個人事業主になったり、会社勤めであっても定額ではなく歩合制の働き方を選んでいる人が多いことがわかりました。

一方、「お金の入り方には波がある」「お金はなくなったら、また働けばいい」といった価値観も醸成されているので、INに関しての自信はあるけれど、OUTのコントロールはあまり気にしない傾向があるようです。

「③都度払い」の傾向

都度払いは、子供が親に「ねえ、このオモチャ買って」とねだったら「いいよ」と言って買ってもらえる、「ねえ、友達と遊びに行くから1000円ちょうだい」とお願いしたら「いいよ」と言ってその場でもらえる……というパターンです。

都度払いのパターンは、家庭環境によって、2つのケースに分けられるようです。

ケース1は、**子供にとって、ほぼなんでも購入してもらえるケース**です。「無制限パターン」とも呼ばれます。とても裕福な家の親が、子供かわいさでリクエストにすべて応えてしまったパターンがこれに当てはまります。ご自身の小学校時代のクラスメイトの中に、とても大きな家に住んでいて「あの子の家に行けば、オモチャが何でも揃っているぞ。みんなで遊びに行こう」という友達がいませんでしたか？

また裕福でなくても、親が仕事などで子供と一緒にいられる時間がとても少なく、その罪悪感もあって子供に不相応なほどの大金を持たせているパターンです。「これで何でも好きなものを買いなさい。これで食べたいものを食べなさい」というわけです。

私の知り合いのお子さんも「小学生なのに、財布に1万円が何枚か入っていて、『ゲームセンターで一緒にゲームをやらない？　お金は僕が出すからさ』と言っていた友達がいる」と言っていました。

ケース2は、何でも買ってもらえるわけではなく、**必要なものかどうかをその都度親が判断して、与えるパターン**です。

この場合、親が常に判断をするため、必要以上に親の顔色を伺うようになる傾向があります。

もし親が気分屋で、いつも感情に左右され、言うことがバラバラになってしまうケースだと、子供は混乱してしまいます。最悪の場合、いつもどうしたらいいか、親に判断を求め、自分では決められない子になってしまう危険をはらんでいます。

ケース1、2のいずれにしても、都度払いのパターンは、**お金をコントロールする学びの場そのものを奪ってしまっています**。

これら都度払いで必要な分だけお金をもらう子供たちもまた、他のパターン（定額制や報酬制）を知らないわけですから、「何か欲しいものがあったら親にお願いすればいいんだ」という認識の下で成長します。そのような働き方は……、残念ながら存在しませんね（笑）。あえてたとえるなら、ヨーロッパの貴族などでしょうか。

自分が欲しいと思ったものを無制限に買ってもらい、自分が使いたいと思ったお金をすぐにもらっていた子供には、**「使えるお金には限りがある」という感覚を抱けま**

せん。お金は湯水のごとく湧いて出るようなものなのですから、大人になってもお金のＩＮとＯＵＴのコントロールが苦手です。周囲にコントロールを担当してくれる存在がいれば生活は存続しますが、そうでなければ破綻《はたん》してしまいます。

「④なし」の傾向

割合的にはほんのひと握りですが、「なし」という人もいました。

私の調べた限りでは、「お小遣いをあげないほうが、子供の成長に良いと親が考えたから」といった教育的理由による人は皆無でした。経済的理由、つまり「家が貧しかったので、お小遣いを渡す余裕がなかったんだと思います」といった回答ばかりでした。

「お小遣いがない」ということは、自分の工夫で何とかお金を生み出す必要があります。とはいえ、家にはお金がないのですから、報酬制のように家の中で頑張ってもお金を得ることはできません。

では、どうするか？

〝外の世界〟でお金を稼ごうと考えるようになります。

「子供の頃、空き瓶を集めて回収業者さんに持ち込んで、お金にしていた」とか、「近所のおばさんの仕事の手伝いをしてお駄賃をもらっていた」といったエピソードを、私に話してくださった方々がいました。

私が主宰している会に入っている「なし」の人たちは、事業で成功した人たちばかりです。そのような幼少期を知恵と工夫で乗り切ったという自信がそうさせるのか、非常にバイタリティがあり、アイデアにあふれ、人生を前向きに生きています。

また、お金のありがたみもわかっていて、お金を浪費することもなく、「IN＞OUT」の大原則を守ってしっかりとコントロールしています。

これだけ見ると、すばらしいと思いがちですが、一方で一般に世の中の底辺と言われる属性の方は、やはりお小遣いがもらえないような貧乏な家庭で育った方が多いのも事実。「お小遣いなし」で成功した人はごく稀で、一般的には自己肯定感も低く、お金教育を含めた教育もまともに受けることができていない状況ですので、なかなかお金持ちになるのは難しいようです。

子供は親の生き方を〝正解〟と思い込む

なお、ここまで本書で述べてきた「傾向」ですが、すべての人に当てはまるわけではありません。あくまで傾向です。

ここまで読んできた人の中にも「自分は『報酬制』ではなく『定額制』で育ってきたけれど、卒業後はサラリーマンにはならず、いきなり個人事業主として働き始めましたよ」といった方もおられると思います。例外はたくさんあると思います。

私が最もお伝えしたいのは、特に幼少期の人格形成において、親の影響は非常に大きいということです。

その理由は、**「子供は親の生き方しか知らないから」**です。

少し汚い話になりますが、例えばトイレ。他の家庭がどんなふうに用を済ませるかなんて、まったくわかりませんよね。食事の仕方、お風呂の入り方、就寝の仕方などもそうです。何時頃、どんなふうに行なうものなのか、子供にとってそのサンプルは家族しか存在しません。

物事の見方、捉え方、考え方なども、トイレや食事やお風呂や睡眠とまったく同じです。

親が「こういうものだ」と思って（あるいは、そこまで思わなくても無意識に）行動したことを子供は見たり聴いたりしています。

そして、他に比較対象がないので、それを〝正解〟と見なし、自分の心の中にインストールしていきます。その積み重ねが、その子の価値観となっていくのです。

成長し、人生を重ねていく中で、大きな出来事や劇的な出合いによって、それまでの人生観が書き変わることも当然あるでしょう。

けれども、その人の土台となる初期設定は、幼少期に親がつくっています。

これだけは間違いなく言えると思います。お金に対する考え、価値観、付き合い方なども例に漏れず、基本的に親の思考と言動を〝正解〟とみなします。

「定額制」「報酬制」「都度払い」「なし」それぞれのメリット・デメリット

「最適なお小遣いのあげ方」を考える前に

前項で、お小遣いのあげ方の４つのパターンを紹介しましたが、ここではさらに深掘りし、それぞれのメリット・デメリットを解説していきます。

それぞれのメリット・デメリットを踏まえた上で、「最適なお小遣いのあげ方」を考えていきたいからです。

「①定額制」のメリット・デメリット

定額制は、毎日、毎週、毎月など期間を決めた上で、決まった金額をあげます。最初の頃は「毎日いくら」であげることもありますが、毎週、毎月など、期間は徐々に延びていくのが一般的なあげ方ではないでしょうか。

この定額制のメリットは、「一定期間内（毎週、毎月など）をこの金額で考えてやりくりしなさい」という自由度の高いルールなので、**子供が自分なりに工夫するようになる**という点です。子供は「マンガとお菓子とオモチャを買おうかな。でも、3つは買えないから、1つ減らそうかな。あ、でもお菓子に使うお金を少し減らしたら、マンガもオモチャも買えるかな」などとあれこれ考え始めるものです。

一方、定額制のデメリットは2つあります。

1つは、きちんと親が教育をしなければ、子供は**「お金は定期的にもらえるもの」という勘違いをしてしまう可能性**がある点です。

子供のお小遣いは、親が仕事をして、世の中から「ありがとう」を集め、その対価として手にしたお金の一部から支給されています。

そのことを伝えずにお小遣いを渡すのは、定額制に限らず、避けるべきです。特に定額制の場合、同じこと（同じタイミング、同じ金額）を繰り返すので、子供が「もらって当たり前」の錯覚に陥りやすいため、注意が必要です。

もう1つは、**「全額使い切ってしまっても、支給日が来ればまたもらえる」といった感じで、全額使い切ってしまうクセがついてしまう危険性**があります。

第1章で「年収2000万円、貯金ゼロ」という話をしました（34ページ参照）が、まさに同じです。そのため、お小遣いをあげる際は、「全額使い切ってOK」の感覚を持たせない工夫が必要です（具体的な方法は第3章で解説します）。

「②報酬制」のメリット・デメリット

報酬制は、食後の後片付け、お風呂掃除など、子供が何かしら親の手伝いをしてくれたら、その対価としてお金を渡すパターンです。「買い物をしてきてくれたら、お釣りはあなたにあげるわ」といったケースや、「肩揉みをしてくれたらお駄賃をあげるよ」といったケースも、報酬制の1つと言えます。

報酬制のメリットは、**「世の中の困りごとを解決し、相手に喜んでもらうと、収入を得られる」という、ビジネスの大原則を実体験できる**ことです。

【例①】

「食事の準備など他にもいろいろやらなきゃいけないことがあるのに、お風呂を洗わなければいけない」（親が困っている）

↓

「お風呂掃除をしてあげる」（親の困りごとを解決する）

↓

「お小遣いをもらう」（親の喜びの対価として収入を得る）

【例②】

「仕事で疲れて肩が凝っている」（親が困っている）

「肩を揉んであげる」←（親の困りごとを解決する）

「お小遣いをもらう」←（親の喜びの対価として収入を得る）

といった具合です。

この感覚を体験したことがあるかどうかは、子供が将来ビジネスで成功できるかを大きく左右します。

ただし、親が「あなたがママの代わりに買い物に行ってくれてすごく助かったわ。その間に、洗濯と部屋の掃除ができたのよ。その時間をつくってくれてありがとう」といった形で**「自分たちの困りごとを解決してくれた対価としてあなたにこのお金を渡します」**としっかりと伝えなければ、報酬制でお小遣いをあげる意味は薄くなってしまいます。

ビジネスの大原則を学べる報酬制ではありますが、その一方でデメリットも存在します。

それは**「お金がもらえないのならやらない」という人間に育ってしまう危険性**です。

「今すごく忙しいから、お風呂掃除してくれない？」とお願いしたときに、子供から「お金をくれるならやるけど」と言われたらショックですよね。

あなたのまわりにもいませんか？

みんなで何か新しいことにチャレンジしてみようと盛り上がったときに、「それって、自分たちに何の得があるんですか？」「それってお金になるんですか？」などと、何でも見返りやお金に換算して考えてしまう人……。

また、**ケチくさい感覚を持ってしまう危険性**もあります。お金は使うべきところではうまく使わないと増えていきませんが、それができにくいという傾向もあるでしょう。

つまり、報酬制は〝両刃の剣〟なのです。

「③都度払い」のメリット・デメリット

子供からお小遣いをせがまれたら、そのたびにリクエストに応じてあげる。それが都度払いです。

この制度のメリットは、**「世の中を変えるようなイノベーションを起こす大天才」が育つかもしれない**という点です。なぜなら、お金に対する制約を感じることなく成長するからです。普通の人が「すごく良いアイデアを思いついたぞ！　でも、実現するにはたくさんのお金が必要だな」と考えて尻込みしてしまうような場面でも、お金に対して良くも悪くも制約がないので、「なんとかなるでしょ」と思えてしまうのかもしれません。

いわゆる天真爛漫《らんまん》なタイプです。

大成功を収めたアーティストやプロスポーツ選手のご子息が「親のブラックカード（使用金額制限のないクレジットカード）を使ってよく友達にご飯をおごっていた」などと話しているのをメディアで耳にすることがありますが、彼らはお金に対する制約を感じず、自由な発想で物事を考えているように私には映ります。「とても裕福な家で育ちました」という芸術家が多いのもうなずけます。

とはいえ、この「無制限」には、メリットを上回るデメリットが存在します。それは、**お金のＩＮとＯＵＴのコントロール感覚がまったく育めない**ことです。

つまり、「大人になっても自分の力で生活できない」ということを意味しています。たまたま出合いに恵まれて「自分の代わりにお金のＩＮとＯＵＴをコントロールしてくれる人（しかも、自分を裏切らず、ずっと付き添ってくれる人）」がそばにいれば、生活は成り立つかもしれません。

けれども、このような人が存在しなければ、すぐに破綻します。

私の主宰する「不動産投資で経済的自由を手にする会」の会員にも、実はこの「無制限」のタイプが何人か存在していました。

私は不思議に思ったので、「お金のＩＮとＯＵＴのコントロールは、どこでどう身につけたのですか？」と聞いてみました。すると彼らは、「若い頃に事業で失敗したことがあり、『このままでは絶対にダメだ』と痛感して、イチからお金の勉強をしたんです」と答えたのです。

このことからわかるのは、

「成功するためには、お金のＩＮとＯＵＴのコントロール感覚を人生のどこかのタイミングで必ず身につける必要がある」

ということです。

もう1つ重要なことは、

「私の会の会員はたまたまラッキーだった」

ということです。

なぜか？

それは、**一生立ち直れないほどではなかったが、「自分を変えなきゃ」と痛感できた〝ちょうど良いレベル〟の失敗を、人生の早いうちにたまたま体験できた**からです。

この体験がなければ、（あえて厳しい言葉で言えば）彼らも破綻していた可能性が十分あります。

ですから私は、親が子供に「無制限」でお小遣いをあげることをおすすめできません。

もしかしたら、お金に対する制約を感じず、自由な発想で物事を考え、世の中を変えるようなイノベーションを起こす大天才に育つかもしれません。ただ、お金のコントロールを担当してくれるすばらしいパートナーに一生恵まれるか、比較的若いうちに社会人生命を絶たれない程度の大失敗をする必要があるわけです。

つまり、**ハイリスク・ハイリターンのお金教育**であり、そんなふうに子供を育てることは**一種のギャンブル**のように思えます。

余談になりますが、以前あるプロスポーツ選手に関する記事を目にしました。プロ入り前に「天才」と称された選手ですが、未だ活躍できずにいます。その記事には、「年俸以上の金額の自動車を買ってしまう」など、その選手の破天荒なお金の使い方が載っていました。まさに「IN ＜ OUT」の典型例です。

私はその記事を読んで**「お金のコントロールは、人生のコントロールに通じるな」**と強く思いました。

どんなに良い才能を持っていても、自分を律して努力し続けることができなければ、絶対に成功はできません。だからこそ、**小さな頃からコントロールする習慣を身につけることが必要**なのです。

なお、「わが家は定額制なので『無制限』はまったく関係のない話」などと思っていたら大間違いです。

「はじめに」の冒頭で紹介した「子供にせがまれて思わずお小遣いをあげてしまうパパ」のケースも、実は形を変えた「無制限」のパターンです。「いつもは『定額制』なんだから、1回くらいは良いでしょ」とか「金額も小さいし、あまり影響はないでしょ」などと軽く考えないようにしましょう。

「④なし」のメリット・デメリット

家庭の経済的事情により、お小遣いをあげられなかった場合です。

この場合のメリット・デメリットは「この現状に対して子供がどんな気持ちで向き合うか？」で180度変わってきます。

この状況を前向きに捉え、「だったら、自分でお金を稼ぐ方法を考えよう」と思い、行動し、実際にお金を稼ぐことができたら、その一連のプロセスは非常にすばらしい成功体験となります。

立志伝に登場する有名実業家の中には「不遇の少年少女時代の体験が糧になった」「貧乏な生活から絶対に抜け出すんだという強い気持ちが原動力になった」と語っている人がたくさんいます。

私の会の会員にも、ごく少数ながら「お小遣いなし」の境遇で育った人がいました。彼らの今に通じる経営者感覚は、少年少女時代の創意工夫によって磨かれたのだと感じています。

「知識が重要」「使うべきときに使うべきお金を使う」といった、成功する上で大事なこともよく理解している人が多い印象を受けます。

反対に、この状況をネガティブに捉えてしまったらどうでしょうか?

「ウチにはお金がないんだ」

「友達が当たり前のように買えるオモチャやお菓子も、自分は買えないんだ」

「友達が親にやりたいと言っていることも、自分は言っちゃいけないんだ」

などと感じていたら、**子供の自己肯定感はものすごく下がってしまいます**よね。新しいことにチャレンジしよう、もっと成長しようという意欲を失ってしまい、将来のビジョンなど描けなくなってしまうでしょう。

私の調べた限り、「お小遣いなし」のパターンで育った人たちの中には、状況を前向きに捉えて成功した人もいれば、状況をネガティブに捉えて自分に自信を持てずに育った人もいました。

世の中にどちらが多いかと言えば、後者、つまりネガティブに捉えてしまう人がほとんどなのではないかと思います。

ですから、「お小遣いなし」という状況を選ばざるを得ない場合、その状況を前向きに捉えるような言葉がけを親が子に対して行なう必要があります（余談ですが、漫才師・島田洋七さんの著書『佐賀のがばいばあちゃん』などは、物事をポジティブに捉えるヒントをたくさん与えてくれます）。

「お小遣いのもらい方」と感情コントロールとの関係性

大人になって衝動買いするパターンは？

お小遣いのあげ方（子供にとっては「お小遣いのもらい方」）と、大人になってからの感情コントロールについての関連性も非常に大きいと私は考えています。

特に顕著なのは、「無制限」のパターンで育った人。「あのオモチャが欲しい」「あのゲームソフトで遊びたい」と思ったときに「お金ちょうだい」とせがめば、すぐに親がお金をくれたり、買ったりしてくれます。子供はいわば**「我慢知らず」で育ってきた**わけです。

すると、大人になってどうなるか？

衝動買いしやすい傾向があります。テレビの通販番組を見ていて、「この商品いいな」と感じたら、買うべきか買わざるべきかを検討せず即注文してしまう……。それは当然ですよね、欲しいと思った瞬間に欲しいものを手に入れてきたのですから。子供の頃の感覚や価値観は、そんなふうに大人になっても踏襲《とうしゅう》されていきます。

「我慢」は、お金に限らず、さまざまな物事のコントロールにおいて、とても重要な感覚です。お小遣いを通じて「我慢する」「やり過ごす」といった感覚を覚えないと、他人との折り合いをつけられず揉めてしまったり、少しでもうまくいかないことがあれば、すぐに投げ出してしまったり……といった〝キレやすい〟大人になってしまう危険性すらあります。

では、衝動買いするタイプは「無制限」パターンだけなのでしょうか？　違います。

実は「お小遣いなし」のパターンで育った人の中にも、衝動買いに走る人がいます。私の知り合いに、高級車、ブランド物などをバンバン買ってしまう人がいました。ビジネスは成功されているようで、稼ぐ力はすごく持っています。

あるとき、子供の頃の話になり、「お小遣いはどんなふうにもらっていましたか?」と聞いたところ、「家が貧乏だったので、お小遣いはもらっていなかったんです」とのお答えでした。

本人いわく、「大人になったら買いたいものを何でも買える人生を送ってやるぞ」という気持ちでここまで頑張ってきたそうです。

ところが、**十分なお金を手にしたとき、何でも自由に買えることが楽しくなってしまい、もはや歯止めが利かなくなっている**――とのことでした。「欲しいものが買えてうれしいというのとは、ちょっと違う感じです。お金を使っていないと安心できないという感じですかね……」という言葉が印象的でした。

「無制限」の人は、子供の頃に「我慢」の感覚を身につけなかったために、大人になってから衝動買いをしている。

一方、「お小遣いなし」の人は、「我慢」を強いられたために、大人になってから衝動買いをしている。

お小遣いトレーニングは、**子供にとって最適な「負荷=我慢」を与える内容**でなければいけないのです。

お金で人間関係を買えるか？

お金で人間関係を買った人の末路

私は、「お小遣いのもらい方」は、人間関係の構築にも大きな影響を与えると考えています。

「無制限」のパターンの解説の中で、親が仕事などで子供と一緒にいられる時間がとても少なく、その罪悪感もあって子供に不相応なほどの大金を持たせている例を紹介しました（82ページ参照）。そういった子は、財布に1万円が何枚も入っていました。

そして、「ゲームセンターで一緒にゲームをやらない？　お金は僕が出すからさ」というった感じで、あえて極端な言葉で表現するならば**「お金で友情を買おう」**としていました。

お金で人間関係を買う――。

これは大人にも実は見られることではありませんか？

例えば、元請けの担当者が下請け先に対して威張る行為などは、お金で人間関係を買っている典型例です。下請け先から「仕事をもらっているから仕方なく接待したりするけれど、そうでなければ誰がアイツなんかと付き合うもんか」などと思われていたら、それは人間関係ではなく、お金でつながっている関係に過ぎません。

ホストやホステスに入れ込むのも、お金で人間関係を買う行為です。相手の関心を惹きたくて、稼いだお金をどんどん貢いでしまう。けれども相手はプロですから、そこに恋愛感情はない……というのが通例です。

そんなふうに「お金で人間関係を買う」人生を送った1人として、〝紀州のドンファン〟と呼ばれた男性がいます。一時期ワイドショーなどで大きなニュースとなっていたので、ご存じの方も多いでしょう。

私もテレビやネットニュースで見ただけなので、詳しいことは知りませんでした。ただ、本書執筆を機に少し調べてみたところ、その人生は山あり、谷あり。美女4000人に30億円をつぎ込み、晩年には6000万円を女性から盗まれ、最期は不審死を遂げてしまいました。

彼について書かれた本などを読むと、ご本人は人生を謳歌していたようです。ただ、幼少の頃は貧しく、「お金で女性を振り向かせたい」という強い思いはあったようで、お金のことを安心して任せることのできる相手は周囲にいなかったといいます。

お金という存在に振り回された、まさにジェットコースターのような人生でした。たとえ一時期「お金で人間関係を買う」ことに成功したとしても、長続きはしません。「金の切れ目が縁の切れ目」は的を射た言葉で、お金がなくなった瞬間に関係は消滅してしまうのです。

また、自分自身も絶えず「お金がなかったら、人間関係を失ってしまう」という不安に襲われるようになり、どんどんお金で解決するようになります。

残念ながら、お金で人間関係は買えません。そんな誤った価値観を、子供に植え付けないようにしたいものです。

40歳前後で「今すぐ使えるお金」を2000万円以上持っている人の共通点

どんな手段で金融資産2000万円を手にしているのか？

前々項（102ページ〜）で「我慢」の重要性について述べましたが、「我慢」は私の主宰する「不動産投資で経済的自由を手にする会」の会員にも共通する資質だと感じています。

彼らは平均40歳前後なのですが、**「大きな目的に到達するために、一時的な快楽に流されない」という感情コントロール**がしっかりできないと、社会に出てから約20年で金融資産（今すぐ使えるお金）を2000万円以上つくることができないからです。

40歳前後で、なぜ彼らが2000万円以上の金融資産（今すぐ使えるお金）をつくることができたのか？

その理由はさまざまで、大きくは3つに分けられます。

1つめは、**「遺産相続」**です。

「不動産投資で経済的自由を手にする会」にも「相続時にまとまったお金を手にしたので相談に来ました」という人がけっこういます。

2つめは、**「貯蓄」**です。

ただ、2000万円を貯めるとなると、年間200万円貯めても10年、年間100万円なら20年の歳月がかかります。サラリーマンであれば、新入社員の頃から計画的にお金を貯金していかないと、40歳ではなかなか2000万円には到達できません。

私の会に多いのは、経営者や医師など自分で事業を持っていて、収入の金額が大きな人です。

3つめは、**「資産運用」**です。

代表的なのは、「所有していた株式の株価が上がり、2000万円以上になりました」というケースです。私の会に相談に来る人は、デイトレードなどの短期投資よりも、投資信託などを買って持ち続ける長期投資の人が多いのです。

私の実感値ではありますが、私の会の会員の「遺産相続：貯蓄：資産運用」の割合は「1：1：1」という感じです。

もちろん「遺産相続」「貯蓄」「資産運用」の3つにきれいに分けられるわけではありません。「親からの遺産を元手に資産運用をした」という場合は、2つの掛け合わせとなります。

3つの中で再現性の高い方法はどれか？

ちなみに「親からの遺産相続」「貯蓄」「資産運用」の中で、再現性の高いもの（＝自分でもマネできるもの）はどれでしょうか？

あくまでも個人的見解ですが、私は**「貯蓄」と「資産運用」を両方行なうこと**だと思っています。なぜなら、親からの遺産相続の額は、どんなに頑張ったところで自分ではコントロールできないものですから。

貯蓄でいうと、極論ですが、「あまり多くない収入の中から生活費を削りに削って

２０００万円を貯める」のでも、「事業を起こすなどの方法でリスクをとって、自らの収入を大きくし、２０００万円を貯める」のでもなんでもいいと思います。重要なのは、**自分ができる努力を本気でやる**ことが、一番確実性の高い方法なのではないかということです。

また、株式などの資産運用についてですが、株価が上がれば金融資産は増えますが、逆に株価が下がれば資産は目減りしてしまいます。リスクを伴いますので、当然それなりのスキルや知識、忍耐が必要です。運も必要です。世の中の景気などに左右されることが多いので、自分でコントロールする要素が少ない方法です。ただ、どの銘柄を買うか、いつ売買するかなどのコントロールはできます。

私が実践している不動産投資は、自分の行動量や努力、知識で負ける要素を極限まで減らせるのが魅力ですが、ある程度自己資金が必要です。

ですから、自分に合ったものを選ぶと良いと思います。

いきなり大金を手にしたとき、持っておくべき1つの感覚

本書で最もお伝えしたいことは、この先にあります。

それは、まとまったお金を手にした方法が「遺産相続」「貯蓄」「資産運用」のいずれの場合であっても、子供の頃から**「我慢」の感覚**を養っていなければ、たちまちにしてそのお金を失うことになりかねない——ということです。

特に気をつけなければならないのが、いきなり大金を手にした場合です。

例えば、遺産相続で何千万円ものお金が入ってくることになった人。そのお金で高級車を買ったり、飲み食いで散財したりして、あっと言う間に使い切ってしまったという話は世間でよく耳にします。

最近であれば、仮想通貨で大金を手にした人もいることでしょう。しかし、その儲けを派手に使ったり、「さらにひと儲け」とハイリスク・ハイリターンの投資を行なって、全財産を失ってしまったという話もときおり耳にします。

どんな方法で手に入れたとしても、**大事なのは「手に入れた後」**です。

手にした大金が全部なくなってしまった……。これは「ゼロ」だからまだマシです。大金を使う快感にハマってしまうと、以前の生活に戻れなくなってしまい、気がつけば身も心も家計もボロボロの「マイナス」の状態になってしまう危険性があります。これが本当に怖いところです。

よくテレビなどで「宝くじで高額当選した人の末路」などの特集をやっていますよね。そういった人たちのほとんどは不幸な人生を送っています。これは、想定外の大金によって、自分の人生が突如コントロール不能な状態に陥ってしまったからです。

まずは「自分はどんな人生を送りたいか？」を考える。

その上で、正しい知識と確固たる価値観を持って「まとまったお金という『道具』をどのように活かすか」を考える。

そうでなければ、たとえ大金を手にしても、お金に振り回される人生となってしまいます。子供の頃から、適度な「我慢」の感覚を養っておく。この大切さは、お小遣いのルールを通じて、ぜひわが子に教えておきたいことです。

私が母から教わった お金にまつわる2つのこと

借金には「良い借金」と「悪い借金」がある

子供の頃に受けた親からの教えは、一生の価値観として心に深く刻みつけられます。私自身も、そのような経験があります。母が私にこんな話を聞かせてくれました。

1つは、**「借金は一概に悪ではない」**という話です。

本書で再三「手軽な前借りは絶対ＮＧ」と書いてきましたので、「えっ、借金はいいの？」と混乱してしまう人もいるかもしれません。借金にも「良い借金」と「悪い借金」があるということです。それを私は母から教わりました。

小学生の頃だったと思います。母の運転する車で移動中、私は空き家を目にしました。「たしかこの家には人が住んどったはずやのにな」と不思議に思った私は、「この家は引っ越ししたん？」と聞いたのです。すると、母は理由を教えてくれました。

「この家は、一家で夜逃げをしたんや。だから誰もいないんよ」と言うのです。

「夜逃げ？　それは何？」

「ギャンブルやら何やらいろんなことで自分のお金を使い切ってしまって、お金を借りたらしいんよ。で、そのお金が返せなくなってね。借金取りという、貸したお金を取り立てる人がやってきて、毎日家の窓をガンガン叩いて『お金を返せ』って言っていたらしい。それで逃げていったんや」

そんな話を聞かせてくれたのです。

私は小学生ながら、ものすごい衝撃を覚えました。借金というものが怖くなり、「借金は、絶対にしてはいけないんだ！」と言いました。

ところが、母の話はそこで終わりではありませんでした。続きがあったのです。

「あのな、幸紀。今、『借金は怖い』と思ったかもしれんけど、借金自体が悪いわけではないんよ。自分の仕事に必要なお金で、確実に返すアテがあるんやったら、その借金は意味のある借金なんやで。お父さんも借金をしているしな」と。

当時、私の父は大工の棟梁でした。家を建てる際には、職人さんを雇ったり、資材を購入したりする必要があります。父にお金が入るのは「家を建てた後」ですから、人件費や資材費を銀行からの借り入れで賄っていたわけです。

子供の頃にもしも「借金は怖い」という知識だけしか与えられていなかったとしたら、どうなっていたでしょうか？　私は借金に偏見を持ち、事業拡大のために必要な道具と考えられなかったと思います。

少し話は逸れますが、現在行なっている不動産のビジネスを始めてみて、**「借金は一概に悪ではない」**という母の教えが正しかったのだと再認識することがよくあります。

「自宅を購入し、4000万円の住宅ローンが残っていた。そのとき遺産相続で4000万円が手に入った」という場合で考えてみましょう。

さて、あなたなら、①、②の選択肢のうちのどちらを選びますか？

①遺産で住宅ローンを完済し、「借金ゼロ／貯金ゼロ」の状態にする。
②遺産はそのまま、住宅ローンもそのままの「借金4000万円／貯金4000万円」の状態。

もしかしたら、①を選び、きれいさっぱり「借金なし」の状態にしたくなる人が多いのではないでしょうか？

しかし、ビジネスの観点、つまり「銀行はどちらを評価するか？」という観点で判断すると、圧倒的に②のほうが評価は高いのです。

なぜなら、現金4000万円を持っているからです。

銀行は、「その人（あるいは法人）が破産しやすいかどうか？」を第一条件で見ます。「借金もゼロだが貯金もゼロ」という人は、収入が少し減ったりしたら、途端に〝債務超過〟に陥ります。でも、4000万円が手元にある人であれば、銀行は「多少のことがあっても、その4000万円で何とかするだろうから大丈夫だな」と判断するわけです。

また別の観点で、収益性を考えてみても良いでしょう。

住宅ローンを返済すると、得するのは金利です。つまり、金利を仮に1%と考えると、年間40万円しか得しません。一方で、現金4000万円を不動産購入の費用に充てると、中古の良い利回りの物件を購入したとしたら、利回りは10~15%ほどになります。運営費や税金があるので単純ではありませんが、ざっくり400万円ほど利益が出る計算になります。つまり、金利で得をするより10倍利益を得られる可能性があるのです。

一時的な大金よりも価値がある収入モデル

子供の頃、私の母が私に教えてくれたこと。もう1つは、「**サブスクリプション**」です。

私の実家は、農業もやっていたので、家の近所には大きな田んぼがありました。いわゆる兼業農家です。そして、田んぼの大半を周囲の農家に貸し出していました。

たしか小学校高学年くらいのことだったと思います。あるとき、市役所の人が何人かやってきて、父母に話をしていました。

大人たちが帰ってから、私は母に、

「あの人たちはなんで家に来たの？」

と尋ねました。

すると母は私に、

「市としてこの土地を買い上げたいので、田んぼを売ってほしいってお願いだったんよ」

と言いました。

私は聞きました。

「いくらで売ってほしいって言っとるの？」

わが家は比較的お金の話を親子でする家庭でしたので、母は正直に答えてくれました。金額はあまりにも驚きすぎて忘れてしまいましたが、母は大きな金額を教えてくれたと記憶しています。

子供心にも大金とわかる金額！　私はびっくりしました。そして、

「売ることにしたの？」

と聞きました。当然そうするものと思ったからです。

ところが母の答えは、

「断ったんよ」

とのこと。「なんで売らんの？」と私が少しなじるように問うと、

「幸紀な、売ってしまったらたしかに大きなお金が入るけど、それは今だけの一時的なお金やん。でも、田んぼを貸していたら、お金はそれほど大きくはないかもしれんけど、毎月お金が入ってくるんやで。そんなふうにいつもお金が入ってくるほうが価値があるんや。しかも田んぼは残ったままでやで」

と母は言ったのです。

結局、市からの要請を断ることができず、田んぼは手放すことになりましたが、母の言葉は今でも鮮明に覚えています。

わが子が将来お金に困らない人になる「お小遣い」のルール

読者の方に無料
特別プレゼント

本書に載せられなかった未公開原稿

（PDF ファイル）

著者・村田幸紀さんより

本書の紙幅の都合で掲載できなかった未公開原稿 PDF を無料プレゼントとしてご用意しました。お金のリテラシーを上げるのに役立つ内容になっています。ぜひダウンロードして本書と併せてご活用ください。

特別プレゼントはこちらから無料ダウンロードできます↓

http://frstp.jp/okozukai

※特別プレゼントは Web 上で公開するものであり、小冊子・DVD などをお送りするものではありません。

※上記無料プレゼントのご提供は予告なく終了となる場合がございます。あらかじめご了承ください。

親からのお金の教えは、子供の生き方に大きな影響を与える

今になって振り返ってみると、これはビジネスモデルの話でした。

1回限りのお客様を大切にするか、それとも長く付き合うお客様を大切にするか？

当時そのような言葉はまったく存在していませんでしたが、いわゆる「サブスクリプション（定額課金）」の話だったわけです。

イソップ童話にも、こんな話がありますよね。


「ある男が、金の卵を産む素晴らしいガチョウを飼っていました。その卵を売って、男はお金持ちになりました。

やがて男は、ガチョウが1日に1個しか卵を産まないことをじれったく感じるようになりました。早くお金持ちになりたいと思った男は、（ガチョウを殺してお腹を切り開いたら、卵をたくさん取り出せるぞ）と考えました。

しかし、いざお腹の中を見てみると、金の卵は1つもなく、大切なガチョウは死んでしまいました――。」

母は「ビジネスモデル」という言葉も知りませんし、近年すっかり定着した「サブスクリプション」という言葉にもピンとこないかもしれません。

しかし、母は、商売の本質についての理解が深かったと思います。

その価値観は今でも私の中にしっかりと生きています。

……以上が、母から聞いたお金にまつわる2つの話です。

私は、私の母の話が〝唯一の正解〟だと言いたいわけではありません。「良い借金と悪い借金がある」という考え方、「一時的な収入よりも定期収入を得られるほうが良い」という考え方に異論を持つ人もいらっしゃるでしょう。

私がお伝えしたいのは、この話が正しいかどうかではなく、何気なく交わした親子の会話が鮮明かつ強烈な記憶として子供の心に残り続け、その子の将来に大きな影響を与えるのだ、ということです。

第3章

やってみよう！
わが子の
「お金教育」

わが子に効果バツグンだった最強の「お小遣いのあげ方」大公開

お金のリテラシーを上げる二本柱

この章では、具体的なお小遣いのあげ方について解説したいと思います。

「お金の教育」についての私なりの定義。それは、

①「お金とはそもそも何か？　どのような行動をすると正しく得られるものなのか？」を教え、体験させ、一生の習慣として身につけさせる。

②お金のコントロール（把握→区別→管理）を教え、体験させ、一生の習慣として身につけさせる。

であると第2章に書きました。

そんな習慣を身につける上で、私がぜひともおすすめしたいお小遣いのあげ方。それは、

倍返し＋ありがとう返し

の二本柱です。

詳しくは後述しますが、

◎「倍返し」……基本は定額制だが、お金を残すと増えていくユニークな方法

◎「ありがとう返し」……親の助けになることをしたらお金がもらえる報酬制の方法

です。

まずは「倍返し」のみでお小遣いをあげ始め、軌道に乗ったら「ありがとう返し」

をプラスするというイメージが良いと思います。

第2章でお伝えした4つのパターンで言うと、**「定額制」と「報酬制」のそれぞれのメリットを活かしたハイブリッドパターン**です。

次の項からそれぞれの方法について解説していきます。

残したら増えていく仕掛け

――お小遣いのあげ方①「倍返し」その1

子供自ら調整するようになるお小遣いのあげ方

「倍返し」という言葉、どこかで聞いたことがありますよね？　お察しのとおり国民的人気ドラマ「半沢直樹」から拝借したネーミングです（笑）。ただし、ドラマで使われている意味とは違います。

私は、このようなネーミングこそしていませんでしたが、「半沢直樹」が話題になるずっと前から、この「倍返し」の方法でわが子たちにお小遣いをあげてきました。

では、「倍返し」とは、いったいどんな方法なのか？

子供から見てうれしいポイントは、

「お小遣いを残した分と同じ金額を親からもらえる＝残額が2倍になる」

という点です。

この項では、開始するタイミング、調査すること・用意するもの、おおまかな流れについて解説していきます。

◉開始するタイミング

・小学校低学年（6～8歳）くらいに開始するのがベスト。理由は、心がまっさらで親の意見を素直に聞いてくれる時期だから。
・ただし、わが子が小学校低学年を過ぎてしまった人も「遅すぎた」と悲観しないこと。お金教育を開始するのに遅すぎるということはない。
・新学期、夏休み前、お正月などの節目が開始しやすい。

◉調査すること・用意するもの

①ご近所相場（少し上の学年の子や同級生のお小遣いの金額）を調べておく。
②親がお金を出してあげる範囲をあらかじめ明確にしておく（137ページ参照）。
③誕生日、クリスマス、お年玉との〝棲み分け〟もなんとなくイメージしておく（139ページ参照）。
④毎月のお小遣いを入れるための財布を用意する。
⑤「倍返し」で貯めたお金を入れる貯金箱を用意する。
⑥貯金箱に貯まったお金を預ける銀行口座（銀行印、銀行通帳）をつくる。

◉仮設定

なお、お小遣いの金額は「ご近所相場の2倍」。つまり、お友達のお小遣い相場が1000円だとしたら、2倍の2000円に設定します（理由は後述します）。

皆さんにわかりやすくイメージしていただくために、**「ご近所相場が毎月1000円だったので、これから毎月1回2000円のお小遣いを子供にあげることにした」**という設定で解説していきます。

◉大まかな流れ

お小遣いをあげ始める際に、

「これから1カ月のお小遣いとして2000円を渡すけど、1カ月後にお小遣いを残したら、その金額だけパパ＆ママが『ごほうび』としてお金をあげるね。できれば、半分の1000円を残せるといいね」

といった形で、お小遣いに関するルール説明をきちんと行ないます。

そして、子供専用の財布に2000円を入れてあげましょう。

◉実践時の注意点など

2000円の使い途は、子供に任せます。マンガを買ってもいいし、お菓子を買ってもいいし、雑貨を買ってもいいし……、子供の自由です。

このとき親が「お小遣いの状況はどう？」などと確認したり、子供に相談をされた際に答えるのはアリですが、親があれこれと使い途を指図するのはおすすめしません。

そして、子供が1カ月後に1200円を使い、800円を残したとします。その場合、「８００円残せたから８００円を渡すね」と言って、毎月のお小遣い（月額２０００円）とは別に、８００円を渡します。

子供が残した８００円とごほうびの８００円（合計１６００円）は、「よく頑張ったね」などと会話しながら、親子で一緒に貯金箱に投入します。

子供名義の銀行口座をつくっておき、ある程度貯金箱にお金が貯まったら（例えば半年間）、口座にそのお金を入金し、通帳記入をします。

子供が毎月お金をしっかり残せるようになったら（例えば「３カ月以上連続で半分残せるようになった」など）、お小遣いをあげる期間を延ばします（２カ月に１回、４０００円をあげ、２カ月ごとに残金を確認）。

１カ月に１回　→　２カ月に１回　→　３カ月に１回　→　６カ月に１回という感じでしょうか。

徐々に期間を延ばし、最終的に「６カ月に１回」に到達できればベストです。

逆に、「１カ月の期間でやってみたが、子供がお金を使い切ってしまった」、あるいは「1カ月は長すぎて、わが子にはハードルが高すぎる」と親が不安に思う場合は、「1週間に1回500円ずつ渡す」「平日毎日100円ずつ渡す」といったように期間を短く設定します。

＼＼ お小遣いのあげ方① ／／

「倍返し」のポイントまとめ

スターﾄ時期

◎ベストタイミングは、小学校低学年から。
◎新学期、夏休み前、お正月などの節目のタイミング。

準備するもの

◎財布（毎月のお小遣いを入れる用）
◎貯金箱（「倍返し」で貯めたお金を入れる用）
◎銀行口座（子供名義）

やり方

①毎月１回を基本に、ご近所相場の２倍のお小遣いを渡す。
②１カ月後、翌月分のお小遣いを渡すとき、前月分で残した同じ金額を「ごほうび」として毎月分＋αで渡す。
③「自分で残したお金」＋「ごほうびのお金」を、親子で一緒に貯金箱に入れる。
④ある程度貯金箱が貯まったら、子供名義の銀行口座へ入金。

（例）
ご近所相場が毎月1000円だったら、2倍の毎月2000円をお小遣いに設定。
⇒ １カ月後、800円残していたら、2000円＋800円を渡す。
⇒ 自分で残した800円＋ごほうびの800円（合計1600円）を貯金箱に入れる。

注意点

◎あげ始める前に、必ずルール説明。
◎誕生日、クリスマス、お年玉との棲み分けも意識。
◎お小遣いの使い途は、完全に子供に任せる。親の指図はNG。
◎毎月残せるようになった子は、お小遣いをあげる期間を延ばす。
◎毎月なかなか残せない子は、お小遣いをあげる期間を短くする。

「倍返し」がお金教育に最適な理由

――お小遣いのあげ方①「倍返し」その2

本来の目的とズレたままで続けても効果なし

この項では、引き続き「倍返し」について解説します。

「倍返し」の目的・効果、開始前に行なっておきたいこと、実施中の注意点などについて触れていきます。

本来の目的とズレたまま続けてしまったり、注意点をないがしろにして進めていっても、良い効果を期待できないからです。

「倍返し」の目的&「倍返し」で期待できる効果

「倍返し」の方法でお小遣いをあげる目的は、まず定額制によって**「ＩＮＶＯＵＴ」をコントロールする習慣を身につけてもらう**ことです。

ただ一般的な定額制では、「お金を残すことでメリットがある（貯めていくことで自分の本当に欲しいものを買うことができる等）」を体感しにくいと考えました。

そこで私は、**「残した分だけ倍返しするとメリットがある」というごほうびルール**を思いついたのです。

また、「残した分だけお金が増える」というルール設定によって、**資産運用の疑似体験**もできると考えました。

実際の資産運用（例えば株など）では「投資した金額が増えるか減るかわからない」のに対して「倍返し」は「残した金額分だけ確実に増える」のでリスクの点では異なるのですが、**「お金を手元に残して初めて『お金を増やす』という次のステージに行けるのだ」という大原則を体得して**もらいたかったのです。

この「倍返し」は、現在成人したわが子を育てる中で、私が実際に取り入れてきた方法です。小学校低学年からこの方法でお小遣いをあげ始め、中学卒業まで続けました（高校に入学してからは、アルバイトができる年齢になったので、一般的な定額制に切り替えました）。

「倍返し」の方法でお小遣いを管理するようになり、子供たちは、

- **我慢すること**
- **使い途や配分を考えること**
- **計画を立てること**
- **管理の仕方を工夫すること**

など、さまざまなことを習得していきました（詳しくは158ページ参照）。

そして、「ちゃんとお金を残すことができた」という成功体験が達成感となり、「またあの達成感を味わいたい」という思いが翌月の原動力になっていきました。

自分名義の銀行通帳を手渡され、通帳の数字が増えていくのも「大人の一員として扱われた気分がしたし、自分の頑張りが目に見えたので、すごくうれしかった」と娘たちは言っていました。

このような積み重ねにより、**「IN ＞ OUT」をコントロールするのは当たり前**という感覚が自然と身につき、**彼女たちの生活習慣となった**のです。

親がお金を出してあげる範囲をあらかじめ明確にしておく

「どのような支出に関しては親が担当するか？」は、お小遣いをあげ始める前に親のほうで話し合い、明確にしておきましょう。

各家庭それぞれの考え方があり、唯一絶対の正解は存在しませんが、個人的には次のような考え方を基準に考えるのが良いと思います。

①「投資」のお金は親が出す

子供の習い事のお金、本を買うお金、塾やサマースクール、林間学校などにかかるお金……など、「自己投資」（この場合は「子供の成長につながるもの」という意味です）に当たるお金は、お小遣いの中から子供がやりくりするのではなく、親が担当したほうが良いと私は考えています。

できるだけ出し惜しみをせず、やりたいと言ったことはやらせてあげる。ただし、「君の成長につながるんだったら、パパもママもお金を出そうと思うんだ」といった形で、お金を出す趣旨についてはわかりやすい言葉でしっかり伝えるべきです。

②「消費」のお金も親が出す

また、文房具、洋服など、日々の生活を営む上で必要なものを購入する「消費」に当たるお金も親が出してあげて良いと思います。ただし、文房具や洋服を買う際は、なんでもかんでも買うのではなく、必要十分なものを親子で一緒に考えながら選ぶと良いでしょう。

③日々の「浪費」は子供がお小遣いで賄う

普段友達と遊ぶときにかかるお金、また自分の趣味にかかるお金は、区分上は「浪費」に当たります。このお金はお小遣いでカバーさせると良いのではないでしょうか。雑誌、オモチャ、お菓子、ジュース、雑貨……など欲しいものはたくさんあると思いますが、使い途は子供の自由にさせれば良いと思います。

誕生日、クリスマス、お年玉との〝棲み分け〟を考えておく

各家庭で一般的に、子供がプレゼントやお金をもらえる機会は、主に次のようなものがありますよね。

- お小遣い（親からお金をもらう）
- お年玉（親や祖父母や親戚からお金をもらう）
- 誕生日（親や祖父母から品物あるいはお金をもらう）

・クリスマス（親や祖父母から品物あるいはお金をもらう）
・その他（帰省した際などに祖父母や親戚から品物あるいはお金をもらう）

お小遣いは、このうちの1つに過ぎません。

ですから、

「お小遣いを貯めるだけでは買えないもの（自転車、ゲーム機、大きなオモチャなど）は、誕生日かクリスマスのプレゼントとする」

「お年玉は1万円だけ〝臨時収入〟として、あと残りは銀行通帳に預金する」

「帰省でもらったお小遣いは半額だけ〝臨時収入〟に、あとは銀行通帳に預金する」

など、お小遣いとの〝棲み分け〟を考えながら、おおまかなルールを設定しておくと良いでしょう。

開始時に「お小遣い期間＝トレーニング期間」と伝える

「倍返し」の方法でお小遣いをあげ始める際、子供に**「お小遣いの期間＝お金との付**

き合い方についてのトレーニング期間」であることをしっかり伝えましょう。

たとえ小学生であっても、わかりやすい言葉を使えば、必ず伝わります。私も、「今日からパパはこの方法で君たちにお小遣いをあげるけれど、自分で考えて決めるってことがとっても大事なんよ。何にどれだけ使うか、どうやったらお金を残せるかを自分たちの頭で考えような」

といったことを伝えた記憶があります。

親が子供を信頼していること、親が子供に期待をしていることを、まず始めに伝えましょう。そうすれば、子供たちは自主的に頑張ろうとするものです。

なぜお小遣い金額を「ご近所相場の2倍」で設定するのか？

次に、金額設定です。

私は「ご近所相場の2倍にしましょう」という提案をしていますが、中には「なぜ2倍なの？　それって多すぎでは？」と疑問に思う方もいるかもしれません。

「ご近所相場の2倍」に金額設定する理由。それは、子供に失敗させないためです。

「IN ＞ OUT」のコントロールを確実に成功させてあげたいからです。

よく「失敗から学ぶ」という表現もありますが、行動分析学などの研究により、「行動を習慣化させるためには、成功の積み重ねが重要」であることが明らかになっています。「成功した！」という快感があるからこそ、人は次も同じ行動を取ろうとするのです。「失敗した……。次も失敗した……」となれば、自信も得られず、楽しくもないので、身につきません。「獅子はわが子を千尋の谷に突き落とす」といった、あえて失敗させるスパルタ式やり方は、特に行動初期には〝百害あって一利なし〟なのです。

普通に考えれば、ご近所相場の2倍の金額をあげておけば、友達と一緒に遊びながらお金を使っても半分残りますよね。友達より少し使ってしまったとしても、残る確率はかなり高くなります。

「少しでも残せたら成功、半分残せたら大成功」

まずは**「残す」という成功体験**を、お子さんに味わわせてあげてください。

親が絶対にやってはいけない2つのNG行動

この「倍返し」を行なう際、親が絶対にやってはいけないことが2つあります。

1つめのNGは、**「うまくできなかったときに叱る」**です。

ご近所相場の2倍の金額を子供に渡し、「お友達の2倍の金額を渡しているよ。半分残すのが目安だよ」と事前に伝えているのですから、親としては「半分残してほしい」と思いますよね。でも、お子さんが半分以上使ってしまうことがあるかもしれないし、もしかしたら誘惑に駆られて全額使ってしまうこともあるかもしれません。

そんなときでも、絶対に叱らないであげてください。

なぜなら、**「子供に成功体験をさせ、達成感を味わわせ、習慣化すること」が目的**だからです。

習慣化で重要なのは、成功の連続。ほんの少しでも残せたら、まずは成功なのです。

たとえ全額使ってしまったとしても、一定期間管理したという意味では部分的成功。その頑張りは必ず評価してあげてください。

ですから、まずは成功であると伝えてください。その上で「今月はちょっと使いすぎちゃったなあ。来月はもう少し貯められるといいね」といった形で、さらなる成功を促せば良いのです。「なぜ失敗したの?」と問い詰めたところで、決してうまくいくことはありません。

もう1つのNGは、**「金額をご近所相場の何倍にも釣り上げる」**です。

例えば、ご近所相場の2倍の毎月2000円を渡しているのに、お子さんが毎月お金を使い切ってしまうとします。そのとき、「そうか!　2000円が少ないからいけないんだ。絶対成功させるために、思い切って金額をご近所相場の5倍(5000円)にアップしたら、ウチの子もお金を残せるんじゃないか?」という〝妙案〟を思いついてしまう人がいるかもしれません。

しかし、これは大間違いです。

うまくいかなければ、あげる金額を増やすだけ……となれば、そもそもの目的である「お金の『ＩＮ　＞　ＯＵＴ』をコントロールする」という目的を逸脱してしまうからです。

もしもお子さんがお金をうまく残せない場合は、**金額をアップするのではなく、期間を短くする**ことで、難易度を下げてあげましょう。

例えば、「1カ月2000円」だったら「1週間500円」に変更し、毎週末「お小遣いは残せそう？」とこまめに相談に乗っていくのです（1週間でも難しければ、平日毎日100円にするなど、さらに期間を短くします）。それによって、お子さんの成功体験を積ませてあげてください。

「ありがとう返し」でお金の本質を学ぶ

——お小遣いのあげ方②「ありがとう返し」その1

「倍返し」と「ありがとう返し」の良い点、懸念点

「倍返し」が軌道に乗ったら、ぜひとも加えてもらいたいもう1つのお小遣いのあげ方。それが「ありがとう返し」です。

「ありがとう返し」は、親の助けになることをしたらお金がもらえる方法、つまり、報酬制のことです。

では、なぜ「倍返し」と「ありがとう返し」の二本柱でお小遣いをあげたほうが良いのでしょうか？

それは、「倍返し」と「ありがとう返し」のそれぞれに良い点と懸念すべき点があり、二本柱にすることで、良い点を生かし、懸念点を解消できるからです。

「お金は自動的にもらえるもの」という勘違い

定額制を基本とした「倍返し」の良い点は、一定期間を決まった金額でやりくりしようという意識が生まれることです。それにより、「IN＞OUT」のコントロールをしっかり行なう習慣が身についていきます。さらに、「残せば増える」を繰り返すことで、将来の資産運用の疑似体験もできます。

ただ、一方で懸念すべき点もあります。

これは「倍返し」というよりも定額制自体の懸念点なのですが、**「お小遣い（お金）は支給日が来れば自動的にもらえるものなんだ」と子供が勘違いしてしまう危険性**がある点です。定額制は、お小遣いのありがたみを感じにくい制度なのです。

また、これも定額制自体の懸念点なのですが、設定された枠内で自分のやりたいことを考えるクセがついてしまい、お子さんの可能性を狭めてしまう危険性もあります。「毎月〇〇円しか使わない（使えない）」という条件下で物事を考え、買いたいもの、やりたいことがすべて「その金額内で収まることばかり」になれば、将来の夢や願望もこぢんまりとしてしまうかもしれません。

定額制の懸念点を「ありがとう返し」で払拭する

報酬制である「ありがとう返し」を二本柱の1つとして加えてもらいたい理由は2つあります。

1つめは、「お小遣い（お金）は自動的にもらえるもの」という錯覚、「将来の夢や願望もこぢんまりとしてしまうかもしれない」という危険性など、**定額制の懸念点を払拭するため**です。「親のお手伝いをしたら対価がもらえる。お手伝いをすればするだけ対価は増える」わけですから、ありがたみも感じられ、決められた金額という枠も取り払われます。

2つめは、**「お金の本質」を知るには報酬制が最適だから**です。

「人の喜ぶことをして、『ありがとう』と言われ、その対価として受け取るのがお金」というお金の意味、仕事の意味を肌で感じられます。報酬制と呼ばず、あえて「ありがとう返し」とネーミングしたのは、そのためです。

ただ、報酬制にも懸念すべき点があります。それは、報酬制だけでお小遣いをあげていると、「ちょっと手伝ってくれない？」とお願いしたときに、「手伝ってもいいけど、いくらくれるの？」といった感じで、何でもかんでも損得勘定で考えるクセがついてしまう危険性です。

お金はもちろん大事です。しかし、わが子には、困った人を見かけたら自然と助けに行けるような人間に育ってほしいですよね。

お金教育とは、突き詰めれば、人間教育なのです。

お金を持つことで、自分自身、まわりの人、世の中の人を幸せにできる人間になることが重要なのです。お金のせいで心が貧しくなってしまっては本末転倒です。

そんなふうに思いつつ、「定額制だけでも不十分。報酬制だけでも不十分。何か良い方法はないだろうか?」と考え続けた結果、私はこの「倍返し」+「ありがとう返し」の二本柱に行き着きました。そして、娘たちに実践したのです。

今、「この方法で良かった」と、心から実感しています。

「ありがとう返し」の具体的な手順

――お小遣いのあげ方②「ありがとう返し」その2

「ありがたさ」を基準に、値付けを考える

ここでは、「ありがとう返し」を導入するタイミング、用意するもの、おおまかな流れなどを紹介していきます。

なお、値付けの際に覚えておいてほしいことがあります。

それは、「子供にとっての大変さ」を基準に値付けをすると「労働対価」になってしまい、「親にとってのありがたさ」を基準に値付けをすると「ありがとう返し」になることです。

◉導入するタイミング

・「ありがとう返し」の導入目安は、「倍返し」が習慣化できた時点がベスト（例えば「倍返し」が「3カ月に1度」の支給間隔でもコントロールができるようになった頃など）。2つの方法を同時に導入しない理由は、子供を混乱させないため。

・「倍返し」と同様、ベストタイミングを逃してしまった人も「遅すぎた」と悲観しないこと。お金教育を開始するのに遅すぎるということはない。

・「倍返し」と同様、新学期、夏休み前、お正月などの節目は導入しやすい。

◉用意するもの

・コピー用紙、画用紙などの紙およびペン

◉おおまかな流れ

まず始めに親のほうで「自分の子供に手伝ってもらえたらうれしいこと」を思いつくまま書き出します。「洗濯物を畳んでもらう」「お風呂を掃除してもらう」「買い物をしてきてもらう」「トイレ掃除をしてもらう」「洗車をしてもらう」……など何でも

ＯＫです。

書き出したものの中から、子供に手伝ってもらえたら特にうれしいものを3つほど選んでみます。そして、それぞれに値付けをしてみましょう。

◉実践時の注意点など

値付けの際は「子供にとっての大変さ」よりも「親にとってのありがたさ」を基準にして値段を考えるほうが良いでしょう。理由は、**お金が「ありがとう」の質量に比例することを子供に教えるため**です。

例えば、「買い物とお風呂掃除だったら、子供にとってはスーパーまで歩いていかなきゃならない買い物のほうが重労働だけど、やってもらってうれしいのはお風呂掃除だな」と思うのであれば、お風呂掃除のほうを高くすべきです。

ちなみに値段は、各家庭の考え方によって変わってくると思います。

お手伝いを気軽にお願いしたいのであれば、1つ1つの値段はあまり高く設定しないほうが良いかもしれませんね。

「倍返し」で1カ月2000円をあげているのであれば、各項目の値段を50〜100円くらいの幅に収め、「お手伝いを楽しませる」のが良いと思います。本来、子供は親が喜ぶ顔を見るだけで十分うれしくなるものなのですから。

また、「子供がどうしても買いたいオモチャがあるが、普段のお小遣いの範囲では買えない」という場合、ある期間（例えば3カ月間）は値段の高い項目を準備し、「お手伝いで稼がせてあげる」のも良いでしょう。

さまざまな〝商品〟を自由な〝価格〟で取引できるのが「ありがとう返し」（報酬制）の利点なので、上手に活かしてください。

値付けが終わったら、項目と各値段を紙（コピー用紙や画用紙）に書きます。

お子さんに「ありがとう返し」という報酬制を導入すると伝えます。

また、導入の目的は「お金とは、どのような行動をすると正しく得られるものなのか？」を知ることにあるとも伝えます。

さらに、「この方法をうまく活用することで、お小遣いの総額を増やすことができる」という、お子さんにとってのメリットも伝えることも忘れないように。

＼＼ お小遣いのあげ方② ／／

「ありがとう返し」のポイントまとめ

スタート時期

◎「倍返し」が習慣化された時期。
◎「倍返し」と同時導入は避ける。
◎「倍返し」と同じく、新学期、夏休み前、お正月などの節目のタイミング。

準備するもの

◎ コピー用紙や画用紙などの紙とペン。

やり方

①親が、手伝ってもらえたらうれしいお手伝いリストを書き出す。
②書き出したものの中から、手伝ってもらえたらうれしいもの3つを親がピックアップ。
③その3つに、親が値付けをする。
④値付けが終わったら、お手伝い項目と各値段を紙に書く。
⑤手伝ってもらったら、その値段のお金を渡す。管理の仕方は子供に任せる。

注意点

◎ 値付けの基準は、「子供にとっての大変さ」ではなく、「親にとってのありがたさ」。
◎ 1つ1つの値段はあまり高く設定しない。「倍返し」で毎月2000円のお小遣いなら、各項目で50～100円が目安。
◎ 導入の際は、必ずルール説明。「導入の目的」「子供にとってのメリット」も忘れずに伝える。
◎親としては「子供にお手伝いを楽しませる」スタンスで。お金を渡すときも喜びの表情を浮かべながら、「ありがとう」の気持ちをもって渡してあげる。
◎子供からの挙手も、親からの依頼でも、どちらでもOK。

項目と各値段を書いた紙は、室内の目立つところに貼っておきます。
これで準備完了です。
以降は、
・子供からの挙手（子供がやりたいと思ったときに言ってもらう）
・親からの依頼（親が手伝ってもらいたいと思ったときにお願いする）
どちらでも良いと思いますので、使いたいときにこの方法を使ってください。

手伝ってもらったら、子供に「ありがとう返し」を渡します。そのお金を「倍返し」のお金と一緒に管理するか、別々に管理するかは、子供の自主性に任せましょう。
お手伝いの項目および値段を、子供と一緒に定期的に見直す（例えば1年に1回など）のも良いでしょう。

お小遣いをあげ始めたらできるだけ親は口出ししない

「自分で選び、自分で決める」がとても重要

お小遣いをあげ始めたら、あとは子供の自主性に任せましょう。

なぜなら、**「コントロールする」とは、「自分で選び、自分で決める」という行動の連続によって成り立っている**からです。

親が「今週はもうお金を使っちゃダメだよ」「これとこれを買ったほうがいいよ」など、お小遣いの使い方・使い途を指図してしまったら、親がコントロールしたのと同じです。それは、わが子の成長機会を奪う行為です。

開始当初は、ルールをしっかり説明します。

貯金箱に入れるときや銀行通帳に記帳する際には、一緒にお小遣いの状況を確認します。

ときおり「お小遣いの状況はどう？」と聞くくらいは良いでしょう。でも、それ以外はなるべく見守ります。

親の描くイメージとは少々違うこと（全額に近いお金を使ってしまった、親があまり食べてほしくないと思ったお菓子ばかり買ってしまった等）も始めの頃は起こるかもしれません。

しかし、叱らず、どうか見守ってあげてください。「自分で選び、自分で決める」という方針で見守りを続けると、お子さんはすばらしい成長を遂げてくれるはずです。

子供たち自らで工夫したこと

私は、子供たちに「倍返し」＋「ありがとう返し」のルールでお小遣いをあげてきました。

1カ月毎の設定で「倍返し」をスタートしたのが、小学校2年生の春です。それが軌道に乗ったところで「ありがとう返し」を加え、二本柱で中学校を卒業するまで続けました。高校入学以降は、アルバイトができるようになったので、通常の定額制（ご近所相場に相応の金額をあげる）に変更しました。

「自分で選び、自分で決める」を自分自身に言い聞かせながら、子供たちのお小遣い管理を見守っていたところ、おもしろいことが起きました。

子供たちが、管理の仕方をあれこれと工夫するようになったのです。

子供のうちの1人は、ある日、空き箱をいくつか持って来ました。そして、「これはお菓子用のお金、これは雑貨用のお金……」といった感じで、使い途に応じて仕分けをするようになりました。

もう1人の子は、あるときから「おこづかいノート」を用意して「今日は何々にいくら使った。だから残りはいくら」といったことを記入するようになりました。

私が2人に「こんなやり方があるよ」とアドバイスしたわけではありません。どこかで、そのような方法をすると、お金の管理がしやすいと気づき、それぞれに合った方法を自ら取り入れたのです。

自分自身で「そうしよう」と決め、取り入れた結果、うまくいった——。その感覚が子供たちにはゲームのように感じたようで、よく「ワクワクする」と言っていました。

子供たちが行なったこと。

それは、形式こそそれぞれ異なりますが、**「金額の見える化」**です。

これにより、「あ、このままでは月末に半分残すのが難しくなっちゃう。後半は少し出費を抑えなきゃ」といった感じで、自分でコントロールできるようになったのです。

お互いの価値観を交換する絶好の機会

また、「お小遣いをあげる・もらう」という行為は、親子の価値観を伝え合う絶好の機会でもあります。

貯金箱にお金を入れる際などに、子供にお小遣いの使い途を尋ねれば、いろいろと話をしてくれるはずです。そうすれば「今夢中になっているのは、こういうものなんだ」とか、「最近仲良しのお友達は○○ちゃんなんだ」といったことがわかりますよね。

親にとっても、自分の大切にしているもの、自分の大切にしていることを伝える良い機会です。

わが家では「ありがとう返し」の1項目に「洗車」がありました。私は新卒で自動車関連メーカーに入社したこともあり、自動車が大好きです。自分にとって自動車はとても大事な存在であり、マイカーはできるだけピカピカにしておきたいのです。

とはいえ、洗車は、1人で行なうと、かなり時間がかかります。当時は現在のビジネスの立ち上げに奔走していた時期でもあり、「やりたい！　でも、なかなか時間が取れない」という、私の頭を悩ませるものでした。

ですから、よく娘たちに「洗車をお手伝いしてくれたら、すごくうれしいなあ」と言って、洗車のお手伝いをお願いしていました。子供たちは、嬉々として手伝ってくれました。

水や洗剤を使うので、子供たちにとっては楽しい遊びだったのかもしれませんが

（笑）、私の手伝いをする中で、私の忙しい状況や自動車を大切にしたい思いを感じ取ってくれたのではないでしょうか。私たち家族にとっての良い思い出になっています。

第4章

親として日常から心得ておきたいこと

お金の考え方、実践法は、親そっくりになる

良いお金教育を実現するために、大人がやるべきこと

子供のお金の考え方や実践法は、まるでパソコンのＯＳをインストールしたかのように親そっくりになります。

例えば、子供には「毎月しっかりお金を残そうね」と言いながら、親のほうはボーナス払いを多用して「利益の先食い」をしていたら……。子供はそんな親の姿をしっかり見ていますから、親の後ろ姿に多大な影響を受けてしまいます。

ですから、良いお金教育を行なうためには、子供へのお小遣いのあげ方を工夫する

だけでは不十分です。

親自身がお金の「IN ∨ OUT」をしっかりコントロールできていないといけません。

その使い方は、3つのうちどれに当てはまるか？

では、私たち大人の「IN ∨ OUT」のコントロール力は、どんなふうにすると高められるのでしょうか？

私がとても有効だと思っていることの1つは、

「お金の使い途（＝OUT）が、3つのうちのどの枠に当てはまるか？」

を考える習慣をつけることです。

OUTの中には、

・「浪費」（楽しみのためにお金を使う）
・「消費」（生活に必要なモノ・コトのためにお金を使う）
・「投資」（自分の成長やお金が増えることに使う）

の3つの枠があります。

買い物をしたり、支払いをしたりするときに、「これは3つの枠のうちのどれなのだろう？」と考える。

それだけでコントロール力は劇的に増していきます。

なぜなら、常に3つの枠をイメージしていると、「今までは消費だと思っていたけれど、実は浪費なんじゃないか？」といった感覚が芽生えてくるからです。

例えば、スマホの料金。今まではわりと高いお金を払っていたけれど、自分にとってはもっと安いプランでも十分だと再認識したり……。

あるいは、運動施設の利用料。最近、親子で体力づくりに関心があるので、近所の体育館に行こうと決めたり……。

また、タクシーの使い方。電車に乗らずタクシーを使うのなら、差額以上の価値を生む行動（本を読む、仮眠で疲れを取る等）をとろうとしたり……。

そんなふうに**お金の〝再配分〟を自然と行なう**ようになったり、**時間の使い方を見直す**ようになったりするのです。

それは投資？　消費？　それとも浪費？

NEED＝消費、WANT＝浪費

私は「浪費＝楽しみのためにお金を使うこと」という定義をしています。「NEED＝消費」「WANT＝浪費」というと両者の違いが鮮明になるでしょうか。

ですから、子供が友達と楽しく遊ぶためにかかるお金（お菓子を買う、遊園地に行く等）は、すべて「浪費」に該当すると私は思います。

ただ、**「そのお金の使い方を通じて、自分自身が大きく成長できる」**という明らかなイメージがあれば、それはもしかしたら「投資（自己投資）」に当てはまるかもしれませんね。すごく**貴重な体験ができる家族旅行**などは、その1つに入れても良いでしょう。

また、**親が趣味に使うお金も、基本はすべて「浪費」**に当てはまります。

例えば、高級腕時計の大好きな方が「この腕時計を身につけることで、周囲からは成功者に見られ、新しい仕事が取れるかもしれない。何よりも自分自身のモチベーションが大きくアップする」といった持論を展開することがあります。その腕時計の価格が将来かなりの確率で上がるのであれば、「投資（自己投資）」に当てはまるかもしれませんが、基本的には「浪費」に当てはまります。

誤解のないように補足しておきますが、私は「浪費」自体が決して悪いことだと思っていません。もしも自分たちの楽しみのためにお金を使わなかったら、人生の潤いなんてまったくなくなってしまいますよね。「浪費」に充てるお金をゼロにする必要などまったくありません。

ただ、**「浪費」なのに「投資」の枠に入れてしまうと、お金を使う大義名分ができてしまう**のです。欲望のおもむくまま際限なくお金を使うこととなり、歯止めが利かなくなってしまうのです。

子供の〝ネット中毒〟〝ゲーム中毒〟をやめさせるコツ

皆さんの中には、

「子供が動画サイトにハマってしまって、延々と観ているんです」

「子供がいったんゲームを始めてしまうと、なかなかやめられないんです」

といった悩みを抱えていらっしゃる方もいるのではないでしょうか？

浪費、消費、投資……。この3つの枠をうまく活用すれば、子供の〝ネット中毒〟や〝ゲーム中毒〟をやめさせることができるかもしれません。

まず始めに**「ネットやゲームは1日何時間まで」**というルールを決めます。

その上で、**「延長料金」のルール**を決めます。この延長料金は高めに設定します。

例えば、「延長10分ごとに毎月のお小遣いの10分の1を支払うこと」などと決めておくわけです。

そして、「もしもルールを守れなかった場合、なぜこんなにも高い料金を支払う必要があるのか？」を説明します。

高額な料金を支払う理由……。それは**「浪費」の時間だから**です。

ネットを見る、ゲームをやる……。これはやはり浪費ですよね。

何度も申し上げますが、浪費自体は悪いことではありません。けれども、けじめもなく延々とやってしまうのは考えものです。ネットやゲームに生活をコントロールされてしまっています。

「それでもネットやゲームをやりたいのだったら、高いお金でその時間を買いなさい」

と伝えるわけです。「自分の気持ちをコントロールしたほうが得だ」とわかれば、ルールを守るのではないでしょうか。

子供のうちに「浪費はお金がかかる」と教えることをおすすめします。

とはいえ、始めのうちは、楽しいネットやゲームを自らの意志だけで終了するのはなかなか難しいもの。終了予定時刻が来たら「スマホの電源が自動的に落ちる」「ゲーム機の電源が自動的に落ちる」といった強制終了の仕組みも取り入れると良いでしょう。

似ているけれど、実はまったくの別物！投資と投機の違い

「自己投資」の意味と価値を伝える方法

これはあくまでも私個人の考え方ですが、本を読む、習い事をするといった「自己投資」（自分の成長のためにお金を使う）に関しては、親子共々、惜しみなく使うほうが良いでしょう。

小さなお子さんの場合は、「自己投資」のお金は、お小遣いからではなく、親が担当することをおすすめします。ですから、「自己投資」ではなく「親が子に投資」となるわけですが、「あなたの成長のために親としてお金を出すよ。成長すると、もっ

といろんなことができるようになったり、学ぶのが楽しくなったりするからね」といった趣旨で、「浪費でも消費でもなく、自己投資に該当するお金であること」と「自己投資によるメリット」はお子さんにしっかり伝えてあげてください。

このように「自己投資」という考え方を親子で常に共有しておくと、お子さんが成長していくにつれ、自分から言い出すようになります。

例えば、サッカークラブに入って、将来プロサッカー選手になりたいと思うようになった。「だから、海外で活躍する一流選手のトレーニング本を買ってほしい」といったリクエストを親にできるようになります。

それでも宝くじを買いますか？

余談ですが、「投資」と似た言葉に「投機」があります。辞書を引くと、「不確実だが当たれば利益の大きいことをねらってする行為」とあります。

わかりやすく言えば、ギャンブルです。「イチかバチか」という表現がありますが、「当たるかもしれないし、外れるかもしれない」行為です。

一方、「投資」は、高い確率でお金を増やせそうなことに使う行為です。

私の感覚では「8～9割の確率で儲かる」という感じでしょうか。「大当たりか小当たりかという違いはあるけれど、ほぼ外れることがない」行為を私は「投資」と呼んでいます。

さまざまな知識と経験を元に慎重に考え抜き、正しい行動をすることで初めて、そのような確実性が手に入るのです。

代表的な投機は、宝くじです。

年末ジャンボ宝くじの1等が当選する確率は2000万分の1。雷に打たれる確率が100万分の1、隕石の落下で死ぬ確率は160万分の1というデータもあるようですが、宝くじの当選確率は天文学的な数字と言えます。

宝くじに限らず、ギャンブルはすべて胴元（主催する人）が儲かる仕組みとなっていますが、なかでも宝くじは〝法外〟です。

払戻金、つまり買った人たちに返されるお金が、競馬、競輪、競艇、オートレースなどがおよそ75％であるのに対し、宝くじは58・5％。つまり「買った時点で40％以上を胴元が持っていく」というルールです。

宝くじのことを「貧者の税金」などと表現することもあるくらい「胴元有利、買い手不利」のギャンブルです。

ですから、「お金持ちになりたい」「子供に良いお金教育を施したい」というのであれば、宝くじをはじめとする投機に手を出すのはおすすめしません。

私は、かつて娘たちに、ビジネスの仕組みを教えたくて、こんな話をしたことがあります。

「宝くじは、買う側が絶対に儲からないゲームなんだよ。ただ、胴元、つまり売る側になるのは、もしかしたらアリかもしれないね。絶対に儲かることが、初めから約束されているからね」

ビギナーズラックは、本当にラッキーなのか？

余談になりますが、引き続きギャンブルに関する話題に触れておきます。


Ⓐ馬券を買ったら必ず当たる競馬や、打ったら必ず出るパチンコ。

Ⓑときおり当たる競馬や、何回かに1回出るパチンコ。


人は、どちらにハマると思いますか？

「確実に儲かるのはⒶのほうだから、正解はⒶなのでは」と思いませんか？

違うのです。Ⓑが正解です。

このことを証明した実験があります。

猿に、ボタンを押すと餌が出てくる装置を与えます。「ボタンを押すと餌が必ず出てくる」という仕組みを理解すると、猿はやがてボタンに興味を示さなくなります。

ところが、「餌が出てくる確率」、つまり「ボタンを押すと餌が出てくることもあれば、出てこないこともある」という設定に変えると、猿の関心は一気に高まり、なんと一日中ボタンを押し続けるようになります。

さらに怖いのは、その後に「ボタンを押してもまったく餌が出てこない」という設定に変えても、猿は延々とボタンを押し続けるようになるのだそうです。

「もしかしたら餌が出るのではないか」と思いながらボタンを押しているとき、猿の脳内では快楽物質であるドーパミンが出まくっています。わかりやすく言えば、超気持ち良い状態なわけです。


人はなぜギャンブルにハマるのか？

その理由は、「たまに当たるから」なのです。「じらす」「おあずけ」といった行為が、人の脳を気持ち良くさせるからです。

「初めて買った馬券が的中した」

「初めてやったパチスロで儲かった」

「初めて買った宝くじが当選した」

など、無欲の初心者が当てることを「ビギナーズラック」と呼びますよね。どんなギャンブルであれ、ビギナーズラックは相当に気持ちが良いようです。「あれで一気にハマってしまった」という声もよく聞きます。

しかし、それは不幸の始まりかもしれません。ギャンブルは、その構造上、プレイヤーが勝ち続けることはありません。必ず負けることになっているからです。

ギャンブルをするなら、「お金儲けをするため」ではなく、「あくまでも楽しむため」と割り切るべきです。また、ギャンブルは人間の心理、人間の脳の仕組みを知り尽くした上で設計されていて、人間の意志で簡単にコントロールできる代物ではないことも自覚しておくべきでしょう。

一攫千金のワナ

近年、仮想通貨取引が大きな注目を集めています。「億り人」という言葉も生まれています。また、少額の資金で多額の投資資金を動かせるＦＸ（外国為替証拠金取引）も、一時期、話題になりました。

先ほど「投資」と「投機」の違いについて触れましたが、こういった仮想通貨、ＦＸなどは、ほぼ確実にリターンが見込めるものではないので、「投機」に当たります。「必ず儲かる」というのであれば、人はそこまでハマりません。「たまに儲かる」からどんどんやりたくなってしまうのです。そして、一部の「儲かった」とうたっている人たちの陰に、多くの「大金を失った」と泣いている人たちが大勢いることを忘れないでください。

ギャンブルや投機は、人間の脳を刺激します。それらに比べると、投資は地味でつまらないものかもしれません。

けれども、快楽に流されず、自分自身を長期的にコントロールできた人がお金持ちになれます。

一攫《いっかく》千金を狙ってお金持ちになった人は、長続きしません。コントロールできないため、浪費するか、また一攫千金を狙ってお金を失ってしまうのが常です。

こんなときどうする？子供間でのお金の貸し借り

「断る力」を身につけさせるチャンス

子供にお小遣いをあげるようになると、親が一度は頭を悩ます問題があります。
「友達間でのお金の貸し借り」です。
このことについてどう考え、どう対処すべきか？
私の体験なども交えてお話しします。
私は、自分の子供たちには、
「友達に頼まれても、お金を貸してはいけないよ」
と教えてきました。

それは娘たちに**「断る力」を身につけてほしかった**からです。

断るべきときに断れないで、大人になってしまうとどうなるか？

良かれと思って気軽に誰かの保証人となり、ハンコをついてしまった結果、その人の莫大な借金を肩代わりする――。そんな危険性もあるのです。

私は、「保証人」について、娘たちに
「君らの友達に、山根くんと川本くんの2人がいたとするやろ？

ある日、川本くんが山根くんに『1000円貸して』って言ったとする。山根くんは川本くんに1000円を貸したけど、

『なあ、村田（※私の苗字です）、どう思う？　アイツほんまに返すかな？』

って相談してきたとする。

そのとき君らが、

『川本くんは良い人だから絶対返すよ。もしも約束どおり返さなかったら、そのときは私が川本くんの代わりに山根くんに1000円を返すよ』

と答えるってことなんよ。

で、川本くんがある日転校してしまったら……、その1000円は君らが肩代わり

することになるんよ。それが保証人ってこと」

たしかそんなふうに説明した記憶があります。

友達間のお金の貸し借りも、お小遣いのあげ方同様、**良い大人になるためのトレーニング**という視点で考えるべきです。

友達からの「貸して」をうまく断らせる、2つの方法

ただ、子供にとって友達は、自分の生きている世界そのもの。これまでの友情が壊れるのを怖れて、「貸さない」と伝えられないお子さんもいるかもしれません。その気持ちはとてもよくわかります。

そこで私は、次の2つの方法を子供たちに伝えました。お金の貸し借りについてお子さんと話す際の参考にしてください（大人同士のコミュニケーションでも使えるテクニックだと思います）。

①親が「絶対ダメ」と言っているから……という理由で断らせる

1つめは、「親のせい」にする方法です。

友達からお金を貸してと言われたら、「『パパに絶対ダメって言われてるの。ごめんね』と言いなさい」と、私のことを持ち出して断るよう教えてきました。

場合によっては、「本当に頑固でさぁ……」などと、自分も親の頑固さに困っている感じの〝演技〟をするのもアリです。そうすると、友達も納得しやすくなります。

②「あなたの大切なものと交換するならOKだよ」と提案させる

①の方法でうまく断ろうとしても友達がまだ「お金を貸してほしい」とお願いしてくるのであれば、「わが家では『物と交換するならOK』と言われている」と伝えさせるのも良いと思います。

例えば、お子さんの友達が「100円貸して」と言ってきたら、お子さんは友達に「あなたの大事なオモチャを持ってきて。そのおもちゃと100円を交換しようよ」と提案するわけです。

ちなみにこの方法は、高額納税者として知られる実業家・斎藤一人さんのお話からヒントを得ています。

日本一のお金持ちとして知られる一人さんの元には、「お金を貸してほしい」とお願いしに来る人がたくさんいるそうです。そんなとき一人さんは、

「わかったよ。その代わり、車でも何でもいいから借りたいお金に値するものを持ってきて。その分だけお金を貸してあげるよ」

と伝えるそうです。

それはなぜか？

一人さんは、

「君と対等に付き合いたいからだよ」

と相手に伝えるそうです。そして、

「あなたが持ってきたものは、絶対に転売したりしないで大切に預かっておくよ。あなたがお金を返してくれたら、すぐに返すからね。そのほうが、ただお金を貸すよりもすっきりした人間関係だよね」

と、理由やルールを説明するそうです。

ただし、一人さんにこう言われて、実際に物を持参して「お金を貸してください」と再度お願いする人はほとんどいないそうです。

やむを得ず、お金の貸し借りをする場合の注意点

もちろん、すべてのお金の貸し借りが悪いこととは思いません。

例えば、友達同士で電車に乗って出かけるはずだったのに、1人が財布を忘れてしまった……。そんなときにはもちろん貸してあげて、後日きっちり返済してもらえば良いと思います。逆もしかりです。

ただ、貸した側・借りた側の双方が、その日のうちに「こういう理由で／いくらを／誰に／貸した・借りた」と親に報告するよう教えましょう。また、後日「返済した・返済してもらった」という報告も親にさせましょう。

ちなみに、心構えとして、子供たちには、

「友達に貸したお金は基本的に返ってこないものと思いなさい」

とも伝えてあります。

お金が元で人間関係がこじれるのは、世の習い。今のうちからしっかり教えておきましょう。

「テストで良い点取ったらお小遣いちょうだい」と言われたら……

「社会に出て仕事をする」の疑似体験

子供にお小遣いをあげるようになると、子供から「テストで良い点を取ったら特別にお小遣いちょうだい」とか、「通知表の成績が良かったらオモチャを買って」といった提案をされる可能性があります。

こんなとき、親はどうすれば良いのでしょうか？

各家庭で考え方があると思いますが、「その提案を受け入れたほうが良い」というのが私の意見です。

なぜなら、「頑張り続けて成果を挙げたら報酬が得られた」というのは、私たちの仕事とまったく同じだからです。そのような成功体験を子供のうちに得られるのはすばらしいことです。

また、「目標を自ら具体的に設定する」という主体性のある行動も褒めてあげるべきポイントです。

「ありがとう返し」の派生版、例えば**「がんばった返し」**というような名目で「目標をクリアしたら○○円の特別お小遣い」「目標をクリアしたら××を買ってもらえる」といったものがあっても良いのではないでしょうか。

「がんばった返し」を行なう際の4つの注意点

ただし、いくつかの注意点があります。

1つめは、**「親から」ではなく「子供から」の提案がベター**ということです。

勉強を頑張らせたいという思いから、親は「漢字テスト10回連続100点取ったらオモチャを買ってあげる」などと、わが子の目の前に〝ニンジン〟をぶら下げたくなってしまうものです。

ただ、子供の主体性を育てるには、子供からの提案を待つほうが良いのです。たまに親のほうから提案するのは良いと思いますが、常に親のほうからというのは慎むべきです。

2つめは、**年に何度もやるのはおすすめしない**ということです。

わかりやすくするためにあえて極端な例を用いますが、「毎日の小テストで100点を取るたびに100円もらえる」といったルールなどはやらないほうが良いでしょう。

勉強する本来の目的は、自己成長するためです。その本来の目的から逸脱し、「お金を得ること」が目的となってしまう危険性があるからです。

頑張り続けるための楽しいごほうびイベントという位置付けで、年に3～4回程度に留めたほうが良いでしょう。

3つめは、**単発目標よりも継続目標のほうが良い**ということです。

「今度のテストで100点取ったら……」

という一発勝負の目標よりも、

「漢字テストで5回連続100点を取ったら」

「期末テストで総合科目800点以上取ったら」

「通知表で5科目中4科目以上でAを取ったら」

など、時間をかけたり、さまざまな種類の努力を求められる目標のほうが、セルフコントロールや計画性を求められるため、目標の難易度も高くなります。トレーニングの観点で考えると、こちらのほうがおすすめです。

ただし、大事なのは、失敗させることではなく、成功させてあげること。**「頑張れば達成できそう」という最適な難易度の目標を設定**してあげてください。

4つめは、**報酬はお金よりも物のほうがわかりやすい**ということです。

これは、長年ビジネスをしてきた私の経験から言えることですが、頑張ったごほうびを設定する際、たとえ同じ金額であっても、「○○円を目指して頑張ろう」よりも、「達成したらおいしいケーキを食べよう」のほうが盛り上がります。お金よりもケーキのほうが目に見えてわかりやすいので、モチベーションが湧きやすいのです。

ですから、「報酬（ごほうび）はお金でも物でもOK」という場合、個人的には物をおすすめします。

また、「機会」（行きたいところに連れて行ってあげる、食べたいものを食べさせてあげる　など）も大きな報酬（ごほうび）になりますよ。

オリンピック選手の育て方から見えるお金教育のヒント

超一流アスリートの子育ての共通点

お金の話、お小遣いの話から突然外れると思うかもしれませんが、ご容赦ください。

これは、私の通っている整体院の先生から教えてもらい、「なるほど〜」と思った話です。

その先生の元には元オリンピック選手、現役オリンピック選手が多数来院していま す。お子さんがいらっしゃる方々も多数いるのですが、親だけでなく、お子さんたちも一流アスリートに育っています。

先生は、「それはなぜだろう？」と疑問に思いました。その理由は、「親がやっていた競技と違う競技をやっているにもかかわらず、成功している子供がたくさんいた」からです。

親が卓球選手で、子供も卓球選手。それならば、なんとなくイメージができます。けれども、親が野球選手なのに、子供はサッカー選手。親が柔道家なのに、子供はラグビー選手。そんなことがあるわけです。

また、両親ともアスリートというケースばかりではなく、片方の親は運動音痴というケースもあったそうです。

そこで先生は、アスリートになる子供の育て方に着目するようになったと言います。

「超一流アスリートの子育てには、何かしらの共通点があるんじゃないか」

と仮説を立てたわけです。

そこで先生は、施術をしながら、元オリンピック選手、現役オリンピック選手の皆さんに、「どんな子育てをしてきたんですか?」と聞いていきました。

その結果、ある共通点が浮かび上がったそうです。

それは、**習い事の順番**でした。

では、ここで問題です。

元オリンピック選手、現役オリンピック選手たちは、最初に「〇〇」に通わせ、次に「××」に通わせ、最後に「△△」に通わせたそうです。

〇〇、××、△△に入るものは何でしょうか？

正解は、

〇〇……器械体操
××……水泳
△△……自分のやりたい競技のチームやクラブ

でした。

最初に器械体操で「体の動かし方」を身につけ、次に水泳で「体幹」を鍛える。基礎さえできてしまえば、あとはどんな競技であっても結果が出せるようになる……。

そんなふうに**科学的で再現性のある考え方に基づいて子育てを行なった場合、親がアスリートでなくても、誰でも相当高いレベルになる**そうです。

だからこそ、彼らの子供たちは、親と違う競技に進んでも、その競技で大成しているのです。

この話を整体師の先生から聞いて、私はとても感動しました。

「子供の可能性は無限大だ！」と思ったからです。と同時に、「親の責任は重大だ！」とも感じました。

器械体操とお小遣いで鍛えられること

アスリート教育も、お金教育もまったく同じです。

お金のステージも、3つに分けられます。

①小学校から中学校卒業までの、お小遣いをもらう時期
②高校入学時から社会に出るまでの、アルバイトができる時期
③社会に出て、自分で自分の生計を立てる時期

の3つです。

①の時期は、器械体操で「体の動かし方」を身につける時期であるのと同じように、「お金のコントロールの仕方」を学ぶ時期です。

②の時期は、水泳で「体幹」を鍛える時期に相当します。①で学んできたお金とは何か、お金をどうコントロールしていけば良いのかを現場でさらに学び、人生の軸をつくっていく時期です。

①と②の時期を正しく経ることができれば、あとは自分がどんな人生を送りたいか、そのためにどんな職業に就くのが良いかをイメージし、選び、頑張るだけです。どんな職業に就いても、成功できるでしょう。

つまり、「お小遣いのルール」をテーマにした本書は、①の時期で人生の土台をしっかり固める方法について語った本でもあります。

お金の話をタブーにしない

親は子供に正直であれ

日本では「お金の話を子供の前でしてはいけない」という風潮が強いように思います。また、お金のことで子供から何か聞かれても、本当のことは答えず、うまくはぐらかしてしまう傾向もあるでしょう。

私は、それは教育上良くないと考えています。

子供は、大人が想像しているよりもずっと賢いからです。普段何気なく交わしている大人の会話をしっかり聞いていますし、表情や雰囲気からたくさんのことを感じ取っています。

ですから、何よりも大事なのは、私たち大人が「子供に対して正直であること」だと思うのです。

私を一人の大人として扱ってくれた母

私が小学校3年の頃だったと思います。

大工の棟梁である父親が、作業中に高い場所から落下して足を骨折し、1年ほど働けなくなってしまったことがありました。

それまで日中家にいることのなかった父が、小学校から帰るといつもいる。母親が電卓とにらめっこしている姿を見ることも多くなった。「お金がどうのこうの」という両親の会話もよく耳にするようになった……。

子供心にも「わが家はマズいことになっているのではないか」と感じていました。

私は、ある日思い切って、

「母さん、ぼく小遣い、いらないよ。家が苦しいんでしょ」

と申し出ました。すると母が、

「そんなん何言っとるんよ」

と言って、家の事情について話してくれました。

聞けば、

「こんなこともあろうと思っていて、小さなアパートを持っていたんよ。そこから定期的な収入があるし、前からの蓄えもあるので大丈夫」

と教えてくれたのです。

何の問題もなかったと言えば、それは正確な表現ではありません。父がケガをしていた1年間、家計のやりくりは大変だったと思います。また、私がわずかな額のお小遣いを返上したところで、苦しい状況は変わらなかったと思います。

ですから母は、私を安心させるために小さい〝ウソ〟をついた。けれども、核心に触れる部分は、私を信頼して本音で語ってくれた――というわけです。

私は、「自分に実状を語ってくれた」ことがうれしくてたまりませんでした。母の言葉に安心した面もありましたが、それ以上に、1人の大人としてちゃんと扱ってくれたという母の思いが強かったのです。

原理原則を話せば、子供はしっかり理解してくれる

ですから、子供にお金のことを聞かれたら、正直に話すのが良いと思っています。お金教育の絶好の機会でもあるからです。

私はある日、娘の1人から、不安そうな表情で「こんなにすごく高いものを買ってウチは大丈夫なの？　ゼロがいっぱいあるものを買って、ちゃんとお金を返せるの？」と聞かれたことがありました。

まだ子供たちが小さかった頃、私は不動産投資を始めました。「RCマンション1棟建てを丸ごと購入する」というスタンスで物件を探すので、購入価格は億単位になることもしばしばでした。購入資金は銀行など金融機関からの融資で賄《まかな》っていきますが、「パパが何やらお金をいっぱい借りている」と心配になったようです。

そこで私は、

「たしかにお金を借りているけど、そのお金は買ったマンションが働いて毎月払って

くれてるんだよ。しかも、払うだけではなくて、たくさん手元に残る。また、そのマンションを売ったら、そのお金でその借金を全部返せるから、大丈夫！」と、その仕組みについて説明しました。すると、小学生でもよくわかったようで、それ以降は心配しなくなりました。図らずも、私のビジネスについて説明する機会となったのです。

親が絶対やってはいけない最悪な言動

非常に良くないのは、子供が何かをやりたいと言ったとき、**別の理由にすり替えてあきらめさせようとする**ことです。

例えば、お子さんが「バレエを習いたい」と言い出したものの、「親とすればその思いを叶えてあげたい、けれども月謝が高いので通わせてあげられない」という状況だとしましょう。

最悪なのは、「バレエなんか習って将来何の役に立つんだ？　くだらない」といったあきらめさせ方です。このすり替えをやると、子供の心に一生の傷が残ります。

まず、自分が興味を持ったものを、誰よりも理解してほしい存在の親から「くだらない」と一刀両断されたことに非常に傷つきます。

また、あきらめなくてはならない理由が真の理由ではないので、モヤモヤが残ります。そして「なぜ私は、あのときあきらめなくてはいけなかったんだろう……?」という後悔の念は、年を追うごとに大きくなることはあっても、決して消えることはありません。

ですから、こういう場合、**まずは実状を子供に正直に伝える**べきです。

その上で、代替案を親子で一緒に探してみるのです。

「バレエは無理だけど、近所のダンススクールなら通えるかもしれない」

「今は無理だけど、3年経ったら通えるように計画を立てよう」

「元バレエダンサーの先生がやっているバレエ教室は無理だけど、公共団体が主催している週末のバレエ体験はないだろうか?」

といった具合です。

親がお金のことをタブーにせず、心を開いて子供に伝えれば、子供はきっとわかってくれるものです。別の理由のすり替えはやってはいけません。

夫婦間でお金に対する認識を一致させておく

正確な現状を見える化、共有

家庭円満の秘訣の1つは、「夫婦間でお金に対する認識を一致させておく」ことです。

まずは、**正確な情報を共有**しておきましょう。

・毎月いくら収入があり、いくら支出しているのか？

・金融資産はいくらあるのか？

現状を正確に「見える化」し、夫婦でその数字を共有しておくことが重要です。

よくあるのは、「一方が管理し、もう一方はまったくのノータッチ」という関係性です。これは、人生の転機で何か大きな決断を迫られるとき（転職する、移り住む、病気療養する等）に、ノータッチの側から「えっ、そんなにお金がないの？」と言われ、揉める原因になります。

また、資産の管理や運用のアイデアも、1人で考えるよりも2人で考えるほうが良いアイデアが浮かぶ可能性が高いので、現状は共有しておくことをおすすめします。

特に〝大きな買い物〟をする際は要注意！

その上で、**支出に対する価値観のすりあわせ**もしておきましょう。

特に、大きなお金を支払う項目に関しては、まず正しい知識を学ぶことが重要です。これも、一方が勉強し、一方はまったくのノータッチではなく、夫婦で正しい知識を得ることをおすすめします。

そして、正しい知識を元に、夫婦間で「大きな支出をどのような方針で行なうか？」をしっかり話し合っておくと良いでしょう。

大きなお金を支払う項目としては、

・家
・車
・保険
・子供の教育費

などがあります。

このとき重要なのは、浪費目線でも消費目線でもなく、投資目線、つまり**「将来的に最もリターンが見込めるのはどんな選択か？」**という目線です。投資目線を忘れなければ、〝大きな買い物〟で失敗する確率を劇的に下げることができます。

最近よく聞くのは、「わが子のお受験をめぐって意見が食い違い、夫婦関係が悪くなってしまった」というケースです。

夫婦で向き合ってお互いの価値観をぶつけ合うのではなく、夫婦で同じ方向を見つめながら、「10年後、20年後、子供が社会に出るまでにどんな学びの機会を与えてあげたいか？」を一緒に考える――。

そんなスタンスでわが子の幸せにつながる選択ができると良いですね。

「ありがとうポイント」の数で世の中を見直す機会を持つ

〝時給6万円〟を払っても大満足の理由

家族でドライブをしているとき、家に修理や配送の人が来てくれたとき、レストランで食事をしているとき、コンビニに入ったとき、スマホをいじっているとき……。

私はさまざまなタイミングで、娘たちに世の中の仕組みについて話をしてきました。

共通していたのは、

「もらえるお金とは『ありがとうの質量の大きさ』で決まるんだよ」

ということです。

以前、わが家のトイレが詰まってしまったことがあります。トイレが詰まってしまうと、誰も用を足せませんから、至急直してもらう必要があります。慌てて修理屋さんに電話すると、すぐに駆けつけてくれました。

トイレの奥のほうにペーパーが詰まったらしく、専用の道具を使って、すぐに直してくれました。作業時間は5分ほどで、修理費はたしか5000円ほどだったと記憶しています。

5分で5000円……。時給換算で6万円（もちろん実際はこんな単純計算にはなりませんが）。その数字だけ見たら高く感じるかもしれませんが、私はまったくそう思いませんでした。

なぜなら、もしも直らなかったら、とても困るからです。

直ったときのわが家の喜びは、とても大きかったからです。

トイレが直り、修理屋さんが帰った後、私はさっそく、

「仕事をしてどれだけお金をもらえるかは『仕事をした時間』が決めるんじゃないよ。『ありがとうの大きさ』が決めるんだよ」

と娘たちに話しました。

修理屋さんの作業を目にしたばかりだったので、娘たちは深く納得してくれました。

「ありがとう」と言われることをつねに考えるクセをつける

また、娘たちとテレビでニュースを見ながら、景気循環について話をしたこともあります。

景気は、波形を描きます。景気の谷から山へと向かい（不景気→好景気）、今度は景気の山から谷に向かいます（好景気→不景気）。これを繰り返しています。

私が娘たちに伝えたのは、

「不景気だからみんな儲からないというわけではないんだよ」

ということです。

不景気の時期には、人々のニーズは当然あって、そのニーズを掴んで「ありがとう」と言われる商品やサービスを提供したら儲かる。

好景気の時期には、人々のニーズが変化する。そのニーズを掴んで「ありがとう」

と言われる商品やサービスを提供したら儲かる。

「だから結局のところ、どんなときでもいかに『ありがとう』と言われるかを考えることが重要なんだよ」

と教えたのです。

同僚Aさんのほうが給料が高い理由

私はときおり、

「1つの職場で仕事をしているのに、Aさんはとても給料が高くて、Bさんはアルバイト程度の給料になっているとしたら、それはなんでだと思う?」

と娘たちに質問したりします。

それはなぜか?

正解は、

Aさんが**「他の人ではできない仕事」**をやっている人だから。

Bさんが**「他の人でもできる仕事」**をやっている人だから。

わかりやすく説明するために、あえてフレンチレストランの例を出します。

Aさんはフランスで修業し、ミシュランの星を獲得している名店で修業し、その実力を買われてオーナーから「ぜひウチで腕を振るってほしい」と頼まれて、このお店で働いています。Aさんのつくる評判の料理がとても評判で、お客さんもなかなか予約が取れません。

Bさんは、そのフレンチレストランが「繁忙期のホールスタッフ募集中」という貼り紙を見て応募し、ホールスタッフとして働いています。飲食店での経験はゼロですが、「初めてでも大丈夫な仕事だから」と言われ、このお店で働いています。

私は娘たちに、

「どちらがお金をもらえるかは、わかるよね？」

と聞いたり、

「Bさんがもっとお金をもらえるようになるには、どうすればいいと思う？」

と質問したりします。

そんなふうに、「もらえるお金は『ありがとうの質量』に比例する」と教えてきました。

今なら、YouTubeを例に挙げると、子供に伝わりやすいかもしれませんね。

「みんなが『楽しい』『おもしろい』と思って見てくれて、『いいね！』をたくさん押してもらえるYouTuberがたくさんお金を稼いでいるよね」

といった感じで、**「再生回数＝ありがとうの質量＝収入」**という説明ができるでしょう。

「ズル儲け」はNG、「ラク儲け」はOK

ズル儲けは続かない

コンビニからの帰り道、私は娘たちに「『ズル儲け』はいけないことだけど、『ラク儲け』は良いことなんだよ」という話をしたことがあります。

「ズル儲け」とは、ズルして儲けること。人を騙《だま》したりして稼ぐことはもちろん、まわりの人に大変な思いをさせて自分だけが儲けることも含まれます。ブラック企業の経営者などは、ズル儲けと言われてしまうかもしれません。

ズル儲けは、長続きしません。一時的に大きな富を得ることはあっても、人からの恨みを買って世の中から淘汰されていきます。

お客様も、仲間も、自分もラクにすると感謝される

一方、私は「ラク儲け」は良いことだと思っています。

ラク儲けとは、「自分もまわりもラクにすることを考え、実行して、稼ぐ」ということです。

例えば、チェーン店には本部があります。コンビニ、飲食、クリーニング、美容院など、業種・業界はさまざまです。ラクして儲けている例としてわかりやすいのは、こういったチェーン店の本部です。

チェーン店の本部は、便利な仕組みや効率的な方法を考えたり、新しい商品やサービスを開発していきます。「お客様、パートナーである加盟店オーナー、そして自分たちをいかにラクさせるか？」に知恵をしぼっていると言っても過言ではありません。

つまり、みんなをラクにさせて、いろいろなところから「ありがとう」と言われることで、チェーン店の本部はたくさん稼いでいるわけです。

「働く」という言葉の語源は「傍（はた）をラクにする」という意味から来ているといわれます。

日本では、「ラクして儲ける」ことに抵抗感を覚える人がたくさんいますが、「ラク」は決して悪いことではありません。「ありがとう」としっかり感謝されるからこそ、儲かるのです。

ただし、チェーン本部がパートナーの加盟店に大変な部分を押しつけて、稼ぎを独り占めすれば、加盟店からの「ありがとう」の質量が劇的に下がります。そうなると、離脱するお店が増えたり、法に訴える加盟店が出てきたりします。

経営が持続的にうまくいっている会社やお店は、「ありがとう」をたくさんもらっている。経営がうまくいかなかった会社やお店は、続けていくのに必要十分な「ありがとう」をもらえなかった。

この原理原則は、時機を見ながら、お子さんに教えてあげてください。

マシュマロを食べた子と食べなかった子、その後の人生

幸せな人生を歩むのに、「我慢する力」は必要か？

「マシュマロ実験」と呼ばれる実験をご存じですか？
スタンフォード大学の心理学者によって長年行なわれてきた、子供時代の自制心と、将来の社会的成果の関連性を調査した実験です。

4歳の子供たちが1人ずつ部屋に通され、椅子に座るように言われます。
テーブルの上には、お皿に載ったマシュマロが1つ置いてあります。
そして、実験の仕掛け人が、

「私はちょっと用がある。そのマシュマロは君にあげよう。私は15分で戻ってくる。それまで食べるのを我慢できたら、マシュマロをもう1つあげよう。でも、私がいない間にそれを食べたら、2つめはなしだよ」

と告げて部屋を出ていくのです。

子供たちの行動は、隠しカメラで撮影されています。

大好きなマシュマロが目の前で誘惑します。

「でも、我慢すればもう1つもらえる」

子供たちは皆、葛藤します。

自分の髪の毛を引っ張って我慢する子、後ろ向きでマシュマロを見ないようにする子、マシュマロの匂いを嗅ぐ子、マシュマロを撫でる子……。

子供たちによって反応はさまざまです。

すぐにマシュマロを頬張ってしまう子は少なかったのですが、途中で食べてしまった子が約3分の2、最後まで我慢して2つめのマシュマロを手に入れた子が約3分の1という結果になったそうです。

この実験は1970年に186人に対して行なわれたのですが、おもしろいのは追跡調査の結果です。

1988年、22歳になった子供たちを追跡調査したところ、マシュマロを食べるのを我慢できた子のグループは、マシュマロを食べてしまった子のグループよりも、大学進学適性試験の点数が、2400満点中、平均して210点も高いことがわかったのです。

2011年、彼らが45歳になったときにもう一度追跡調査が行なわれました。すると、マシュマロを我慢できたグループのほうが、明らかに社会経済的地位が高いことがわかったのです。

この実験からわかったことは、**子供の頃に培った「我慢する力」は、一生の力になる**ということです。

「倍返し」は「マシュマロ習慣」

最後まで我慢できたら2倍に増える――。

これ、何かに似ていると思いませんか?

そうです、私の考案したお小遣いのルール「倍返し」の制度と同じなのです。金融資産(今すぐ使えるお金)2000万円以上を持つ人たちを会員として、彼らに話を聞いたり、自分でも考えたりしながら、「これだ!」と思い、娘に実践してきた「倍返し」のお小遣い制度。当時は気づけませんでしたが、よくよく考えてみると、これはまさしくマシュマロ実験です。

いや、マシュマロ実験というよりも、**「マシュマロ習慣」**と呼ぶほうがふさわしいかもしれません。

なぜなら1回限りではなく、何年もの長期にわたって自己コントロールをし続け、子供たちが「それが当たり前」という感覚を身につけさせるものだからです。

権威ある実験の結果と、私の行なってきたお小遣いのルールとの間に共通点を見いだしたとき、私は「このやり方で良かったんだ」と心から思えました。

皆さんの大切なお子さんが、すばらしい人生を歩むことを心から願っています。

【著者プロフィール】

村田幸紀（むらた・こうき）

株式会社 ADVANCE 代表取締役。「不動産投資で経済的自由を手にする会」代表。
三重県出身。1970 年生まれ。トヨタ系部品メーカーに勤めながら、2004 年から「経済的自由を手にすること」を夢見て、不動産コンサルタントにアドバイスをもらいながら、物件を紹介してもらって、不動産投資を開始。しかし、入居者が全員退去するなどして破綻の危機に瀕する。プロが素人に対しリスクを言わずに売ることを平気でする甘い世界ではないことを身をもって知る。その苦い経験を活かし、猛勉強をすることで、「地方」「中古」「住居系」「RC 造」「一棟物」という黄金の必勝パターンを見いだし、投資方法を方針転換。融資を受ける術を突き詰め、物件価格の全額を銀行融資でまかなったうえ、潤沢なキャッシュフローを生み出す物件を見極めて、複数棟を取得する方法を確立。その後、11 カ月で総資産 4 億 9000 万円の収益不動産を購入。年間家賃収入 6200 万円を達成するなどし、業者の紐付けがない、独立系の投資家側に完全に寄り添う不動産投資コンサルタントとして独立。2009 年より、入会基準がすぐに使える資産が 2000 万円以上という「不動産投資で経済的自由を手にする会」を主宰する。一棟物不動産投資コンサルティングでは、現在日本で最古かつ最大規模で、ダントツの実績を誇る。全会員の総投資額は 1100 億円以上、所有する物件数は 2 万 2000 戸に上る。家賃収入が 1 億以上を達成した会員を 76 名輩出し、再現性の高さには定評がある。趣味は山登り、トライアスロン。

◆不動産投資で経済的自由を手にする会
https://www.keizaitekijiyu.jp/index.html

わが子が将来お金に困らない人になる
「お小遣い」のルール

2021 年 8 月 5 日　　初版発行
2021 年 8 月 24 日　　2 刷発行
著　者　村田幸紀
発行者　太田　宏
発行所　フォレスト出版株式会社
〒162-0824 東京都新宿区揚場町 2-18　白宝ビル 5F
電話　03 - 5229 - 5750（営業）
　　　03 - 5229 - 5757（編集）
URL　http://www.forestpub.co.jp

印刷・製本　日経印刷株式会社

ISBN978-4-86680-135-3　Printed in Japan
乱丁・落丁本はお取り替えいたします。

わが子が将来お金に困らない人になる「お小遣い」のルール

読者の方に無料
特別プレゼント

本書に載せられなかった
未公開原稿

（PDFファイル）

著者・村田幸紀さんより

本書の紙幅の都合で掲載できなかった未公開原稿 PDF を無料プレゼントとしてご用意しました。お金のリテラシーを上げるのに役立つ内容になっています。ぜひダウンロードして本書と併せてご活用ください。

特別プレゼントはこちらから無料ダウンロードできます↓

http://frstp.jp/okozukai

※特別プレゼントはWeb上で公開するものであり、小冊子・DVDなどをお送りするものではありません。

※上記無料プレゼントのご提供は予告なく終了となる場合がございます。あらかじめご了承ください。